connaissance
D'UNE ŒUVRE

Corneille

L'ILLUSION COMIQUE

Jean-Luc VINCENT
AGRÉGÉ DE LETTRES CLASSIQUES

Bréal éditions
1, rue de Rome - 93561 Rosny Cedex

ISBN 2 7495 0123 7

AVANT-PROPOS

La réputation tragique de Corneille a longtemps laissé *L'Illusion comique* dans l'ombre. Encore aujourd'hui, on connaît davantage Corneille comme l'immortel auteur du *Cid* ou de *Polyeucte*. *L'Illusion comique* (1635), cette comédie de jeunesse en alexandrins, écrite à moins de trente ans, est pourtant une œuvre dramatique majeure.

Son intérêt tient, pour une grande part, à sa singularité dramaturgique qui incite à s'interroger non seulement sur la notion de genre, mais aussi sur la nature même du texte de théâtre. En effet, *L'Illusion comique* apparaît à une époque charnière de l'histoire littéraire et culturelle française, qui voit s'imposer la norme classique et qui définit avec rigueur les genres. Ainsi, cette pièce constitue l'une des ultimes grandes œuvres baroques, mêlant genres et registres avec allégresse. Elle est donc une entrée idéale pour comprendre les enjeux de l'histoire littéraire et la constitution d'un genre ou d'un registre.

Ce jeu avec les genres et les attentes du public s'inscrit dans une célébration de l'art théâtral et de ses pouvoirs d'illusion. *L'Illusion comique* offre ainsi un magnifique exemple du rapport du texte à sa représentation, puisque Corneille nous fait pénétrer dans la fabrique de l'illusion en mettant sur scène des représentants métaphoriques de l'auteur, de l'acteur et du spectateur.

La pièce permet enfin de s'interroger sur le rapport didactique de l'œuvre à son destinataire : nous voilà face à un type d'argumentation d'un genre tout à fait singulier.

SOMMAIRE

I

REPÈRES

1 - CONTEXTE HISTORIQUE ET CULTUREL

■ Louis XIII et Richelieu

Après l'instabilité de la Régence et des premières années de règne de Louis XIII (1610-1624), l'arrivée au pouvoir comme Premier ministre du cardinal de Richelieu en 1624 marque un retour à l'ordre et une reprise en main du royaume. Outre une politique étrangère très active qui vise à réduire la puissance de la maison d'Autriche, le cardinal réprime systématiquement les contre-pouvoirs intérieurs : il combat les protestants avec fermeté (notamment lors du siège de La Rochelle en 1628) et déjoue plusieurs complots fomentés par les grands du royaume pour déstabiliser le pouvoir royal. Il entend « ruiner le parti huguenot, rabaisser l'orgueil des grands, réduire tous les sujets du roi en leur devoir ». On s'oriente ainsi vers une centralisation qui annonce déjà le règne du Louis XIV.

Cette période est marquée par l'émergence d'une classe bourgeoise dont Corneille lui-même est issu et qui profite de la disgrâce des grands. Mais elle est surtout –

en particulier à partir des années 1630 – l'époque d'une réelle effervescence artistique et culturelle à laquelle le pouvoir participe : Richelieu fait ainsi revenir le peintre Nicolas Poussin de Rome à Paris, et il crée l'Académie française en 1635. Le théâtre prend une importance grandissante, les salons deviennent les nouveaux lieux de mondanité et promeuvent un goût plus raffiné.

■ Le baroque

La seconde moitié du XVIe siècle et le premier tiers du XVIIe siècle sont généralement désignés par l'histoire de l'art comme la période baroque. Ce terme est emprunté au vocabulaire de la joaillerie et désigne une perle de forme irrégulière. L'esthétique baroque – que le XXe siècle contribuera à redécouvrir – se caractérise ainsi par son goût pour les formes extravagantes et impures, le mélange des genres et des styles.

L'apparition d'une telle esthétique est l'expression d'un bouleversement idéologique qui remet en question les certitudes acquises. Les découvertes astronomiques, les grands voyages d'exploration, les désordres politiques et religieux de la seconde moitié du XVIe siècle donnent à repenser le monde, les valeurs et les croyances traditionnelles : l'homme a désormais le sentiment d'une instabilité générale et d'un mouvement constant. Les conceptions antique et renaissante d'un monde harmonieux et hiérarchisé sont fortement ébranlées : les travaux des astronomes Copernic (1473-1543) et Galilée (1564-1642), qui ne font plus de la Terre le centre de l'univers, bouleversent les connaissances. C'est l'époque du doute, comme l'illustrent les recherches philosophiques de Descartes (1596-1650). Ce dernier, dans ses *Méditations métaphysiques* (1641), utilise le doute « hyperbolique » et met en évidence l'illusion sensorielle pour prouver l'existence de Dieu, comme garant nécessaire de la réalité. C'est la permanence de l'identité même qui se trouve finalement remise en question : l'homme ne peut être saisi que dans son inconstance et sa perpétuelle mobilité. Les *Essais* de Montaigne ne cessent de le rappeler à leurs lecteurs du XVIIe siècle.

Le baroque met au premier plan le motif de l'illusion : le monde n'est peut-être qu'une illusion, et la distinction entre rêve et réalité est toujours mouvante. Ce motif central s'exprime dans les thématiques du double, de la métamorphose et du songe, mises en scène dans la pièce *La vie est un songe* (1635) du dramaturge espagnol Calderón. Le théâtre devient le genre baroque par excellence, puisque la thématique baroque s'exprime en particulier dans la réactivation d'une métaphore* antique, celle du théâtre du monde : le monde n'est qu'un théâtre dans lequel l'homme joue plusieurs rôles, sans pouvoir être jamais sûr de sa véritable identité, sous les yeux de Dieu, dramaturge et metteur en scène. L'homme doit ainsi comprendre la vanité du monde dans lequel il vit pour mieux se convertir à la contemplation de la vie éternelle, constante et ferme. Or, quel meilleur genre pour jouer sur les apparences et donner corps à cette image édifiante que le genre dramatique* ?

Ce bouleversement idéologique trouve une expression artistique structurée par les thèmes du changement et de l'illusion. Les formes littéraires de l'époque en rendent compte : goût pour le discontinu et l'éclatement, pour la surabondance, pour une langue très imagée et très expressive. Autant de traits que l'on retrouve dans *L'Illusion comique*.

2 - LE THÉÂTRE AU TEMPS DE CORNEILLE

▪ Dignité du théâtre vers 1630

Louis XIII et Richelieu entendent promouvoir le monde des lettres par goût, mais aussi pour mieux faire rayonner le pouvoir royal. Le théâtre, auquel les jésuites ont donné une nouvelle aura en l'intégrant à l'éducation, profite pleinement de cette politique. En 1634, Richelieu réunit cinq auteurs dramatiques*, dont Corneille, pour écrire une pièce qui sera représentée devant la cour en 1635, *La Comédie des Tuileries.* En 1641, un édit royal reconnaît le métier de comédien, jusque-là fortement attaqué par l'Église : « Nous voulons que leur exercice, qui peut innocemment divertir nos peuples de diverses occupations mauvaises, ne puisse leur être imputé à blâme, ni préjudicier à leur réputation dans le domaine public ». Les auteurs et les comédiens s'enrichissent, commencent à fréquenter la plus haute société. Les dramaturges, qui vivent principalement des libéralités de leurs protecteurs, acquièrent une réelle reconnaissance sociale.

L'invitation des troupes italiennes à la cour de France depuis le début du XVIIe siècle joue un rôle décisif dans la réhabilitation du théâtre. Marie de Médicis et son fils Louis XIII, passionnés de comédie italienne, reçoivent les comédiens italiens avec des honneurs auxquels les comédiens français ne sont pas habitués et auxquels ils vont eux-mêmes essayer de prétendre par leur talent. Ces comédiens italiens profitent de leur renommée européenne et de la protection des princes pour défendre leur métier et plaider la cause des comédiens, souvent dénigrés. Plusieurs ouvrages entreprennent de prouver la dignité de l'art dramatique*. Corneille s'est sans aucun doute inspiré de ces textes et de ces exemples pour nourrir la défense du théâtre qu'il développe dans *L'Illusion comique*.

■ La vie théâtrale en 1630

Les années 1630 sont décisives dans la vie théâtrale française : reconnaissance publique et politique, rénovation des genres, renouveau des pratiques... Le genre dramatique* est en pleine transformation.

En 1635, deux troupes permanentes se partagent la vie théâtrale parisienne. La plus ancienne est celle des Comédiens ordinaires du roi, installés à l'hôtel de Bourgogne. La seconde est la troupe du Marais, dirigée par le comédien Mondory dans une ancienne salle de jeu de paume. Les conditions de représentation sont encore précaires, mais semblent évoluer rapidement. Le décor unique s'impose peu à peu, tandis que dans le même temps on crée des décors de plus en plus complexes : *L'Illusion comique* en donne un bel exemple.

L'époque est celle d'une double évolution : les années 1630 marquent la fin des fastes baroques, qui se retrouveront dans les pièces à machines* (très en vogue dès les années 1650), et le début de la réglementation classique qui impose au contraire une certaine économie des moyens de représentation. Dès 1630, le théoricien Jean Chapelain voudrait voir le théâtre régi par des lois de composition plus strictes et mieux définies, qui soient inspirées des Anciens et en particulier d'Aristote. Selon lui, seule cette codification permettra au théâtre français d'accéder à la dignité d'art. En 1634, la première tragédie « régulière » est présentée : la *Sophonisbe* de Jean Mairet remporte un vif succès et marque le début de l'élaboration de la dramaturgie* classique, dont la querelle du *Cid* constitue une étape décisive.

L'Illusion comique apparaît donc à une période charnière où la permanence et le succès des genres en vogue se doublent du renouveau de genres laissés-pour-compte : la comédie et la tragédie. En effet, la tragi-comédie* et la pastorale* tiennent le haut de l'affiche et correspondent au goût baroque (intrigue complexe, mélange des registres et des tons, intervention du merveilleux...). Mais la comédie, méprisée en raison de ses liens avec la farce, est quelque peu tombée en désuétude avant de connaître un renouveau grâce à Corneille (*Mélite* en 1629 ou *La Galerie du Palais* en 1632). Le jeune dramaturge entend rendre au genre comique toute sa noblesse. Dans l'*Examen* de *Mélite* (1660), il explique le succès de sa première pièce :

> La nouveauté de ce genre de Comédie, dont il n'y a point d'exemple en aucune Langue, et le style naïf, qui faisait une peinture de la conversation des honnêtes gens, furent sans doute cause de ce bonheur surprenant, qui fit alors tant de bruit. On n'avait jamais vu jusque-là que la Comédie fît rire sans Personnages ridicules, tels que les Valets bouffons, les Parasites, les Capitans, les Docteurs, etc.

Corneille entend donc rénover les codes de la comédie. Pourtant, *L'Illusion comique* reprend beaucoup à la tradition comique et aux recettes théâtrales connues. Ce paradoxe est à l'image du nouveau souffle qui parcourt les années 1630, caractérisées par la coexistence de formes anciennes et d'expériences nouvelles.

3 - VIE ET ŒUVRE DE CORNEILLE

▪ Des origines bourgeoises aux premiers succès

Pierre Corneille naît le 6 juin 1606 à Rouen dans une riche famille bourgeoise. Il fait de brillantes études au collège des jésuites où il acquiert une solide culture classique et découvre la pratique du théâtre. En 1624, il devient avocat au parlement de Rouen, puis en 1628 son père lui achète une charge officielle (un « office » comme le dit l'époque) ; il est alors avocat du Roi aux Eaux et Forêts et à l'amirauté de France.

Rien ne semblait donc annoncer sa carrière de dramaturge qui débute pourtant dès l'année suivante à Paris. C'est en effet en 1629 que la troupe du Marais représente avec succès sa première pièce, une comédie : *Mélite ou les Fausses Lettres.* Il renouvelle le genre comique en mettant en scène de jeunes gens qui s'amusent des jeux de l'amour et du hasard dans un cadre urbain proche du public de l'époque. Les succès s'enchaînent : *La Veuve* (1631), *La Galerie du Palais* (1632), *La Suivante* (1633), *La Place royale* (1634). Seule sa tragi-comédie* *Clitandre*, en 1630, est un échec. En 1635, il écrit sa première tragédie, *Médée*, avant de faire représenter *L'Illusion comique* l'année suivante.

En quelques années, il devient l'un des dramaturges les plus importants de cette période particulièrement prolifique. Il est d'ailleurs choisi par Richelieu pour participer à l'écriture de la pièce qui sera donnée à la cour en 1635 (*La Comédie des Tuileries*). Il est étonnant de voir de quelle façon celui que l'on estime avant tout aujourd'hui pour ses tragédies s'est fait reconnaître en son temps par ses comédies (genre qu'il abandonne ensuite). Ce rapide succès est le signe non seulement d'un vrai talent de dramaturge, mais aussi d'une grande capacité à saisir le goût et les envies du public. *L'Illusion comique* témoigne de sa grande connaissance des codes et des genres dramatiques* de son époque, qu'il mélange à foison et avec lesquels il s'amuse, et de sa volonté de plaire en proposant une œuvre qui exalte les pouvoirs d'illusion du théâtre. *L'Illusion comique* constitue une œuvre de transition qui clôt la période de jeunesse.

■ De l'investiture tragique à l'autorité dramatique*

En 1637, la tragi-comédie* du *Cid* est un triomphe qui installe définitivement Corneille dans la position du premier dramaturge français. La querelle des doctes, qui suit les représentations, loin d'amoindrir ce succès, le prolonge et fait de cette pièce une étape fondamentale dans l'avènement du nouveau genre tragique. Soucieux des nouvelles exigences de régularité dramaturgique et conscient de la mise en place des règles « classiques » et du nouveau goût émergent, Corneille devient l'auteur tragique le plus renommé. Les succès de *Horace* en 1640, de *Cinna* en 1641 et de *Polyeucte* en 1642 assoient sa position. En 1647, il est reçu à l'Académie française.

Après une production constante tout au long des années 1640, l'échec de *Pertharite* en 1651 l'éloigne du théâtre jusqu'à *Œdipe* en 1659. L'édition qu'il donne de ses œuvres complètes en 1660 impose définitivement son autorité dramatique* : il fait précéder chacune de ses pièces d'un *Examen* qui analyse dans le détail ses choix dramaturgiques, et revient sur les critiques qu'on a pu lui faire ; il relit toute son œuvre à la lumière du classicisme qui s'est imposé en vingt ans. Il accompagne en outre cette édition des *Trois discours sur le poème dramatique*, textes théoriques qui constituent un véritable traité de dramaturgie* classique. Ses succès et son expérience ont donc fait de Corneille une véritable institution qui peut s'ériger en arbitre de l'art dramatique* et de la tragédie.

Mais les années 1660 voient émerger un nouveau génie tragique : Racine. Si les pièces de Corneille rencontrent encore un certain succès, elles semblent être considérées comme quelque peu surannées par le nouveau public, plus friand de galanterie et de violence passionnelle que de grands débats héroïques. C'est que les temps ont changé : l'optimisme héroïque des années 1630, lié à une période de reconstruction et d'enthousiasme, meurt avec la répression de la Fronde (1648-1653) et la mise en place d'un ordre oppressant qui monopolise initiatives et valeurs. Ainsi les années 1660-1680 sont-elles marquées par un réel changement idéologique. L'idéal de grandeur héroïque, hérité de l'idéal guerrier et chevaleresque, cède la place à une remise en cause de la capacité de l'homme à faire le bien. On perçoit encore chez Corneille les valeurs héroïques anciennes, car l'auteur du *Cid* appartient à la génération précédente. Mais l'avènement de la noblesse de robe et de la bourgeoisie enrichie met fin aux aspirations guerrières de la noblesse ancienne, tandis que se dessine une société du loisir et de l'oisiveté. Le public plus mondain perçoit chez un Corneille sexagénaire des valeurs qui ne sont plus les siennes. Et lorsque le jeune Racine, né en 1639, s'attaque à un sujet tiré de l'histoire romaine, matière de prédilection de la tragédie cornélienne, il remporte un succès bien supérieur à celui de son aîné (cf. *Bérénice* de Racine face à *Tite et Bérénice* de Corneille en 1670). Après l'échec de *Suréna* en 1674, Corneille préfère mettre fin à sa carrière et meurt à presque quatre-vingts ans, le 1er octobre 1684.

■ Une œuvre érigée en modèle

L'œuvre prolifique de Pierre Corneille permet de comprendre son époque et les profondes transformations esthétiques et idéologiques qui la traversent. Ses comédies de jeunesse rénovent en profondeur le genre et annoncent moins le génie de Molière que le raffinement de Marivaux. S'il n'a pas créé un nouveau modèle comique, ses réussites tragiques ont participé à la construction d'un modèle dramatique*, soucieux de respecter des règles strictes de composition et d'exposer un héroïsme tragique en accord avec son époque. Corneille tient un rôle fondamental dans la mise en place du classicisme, épris d'épure, de simplicité et de rigueur ; il crée en partie la tragédie classique. Ses *Trois discours sur le poème dramatique* et les *Examens* qu'il propose de ses pièces montrent de quelle façon il a repensé l'art dramatique* en fonction des préceptes aristotéliciens : rigueur dans la construction dramaturgique, choix de l'histoire et élaboration de l'action, justification des unités d'action, de temps et de lieu, réflexion sur le vraisemblable et l'extraordinaire. Ces écrits théoriques laissent entrevoir comment Corneille entend respecter les règles et même les fonder, tout en préservant sa liberté créatrice. En effet, ils discutent souvent ces règles, telles que les ont édictées les doctes de son époque, en prenant appui sur ses propres productions. Il réaffirme sans cesse la valeur déterminante du plaisir comme fin première du poème dramatique*, se donnant par là le droit d'inventer et de créer hors de l'emprise des règles. Il est proche en cela de ses successeurs illustres, Molière et Racine. Ainsi en 1637, dans l'*Épître* en tête de la première édition de *La Suivante*, il écrit :

> J'aime à suivre les règles, mais loin de me rendre leur esclave, je les élargis et les resserre selon le besoin qu'en a mon sujet et je romps même sans scrupule celle qui regarde la durée de l'action quand sa sévérité me semble absolument incompatible avec les beautés des événements que je décris. Savoir les règles et entendre le secret de les apprivoiser adroitement avec notre théâtre, ce sont deux sciences bien différentes.

Cette liberté en fait en outre un grand expérimentateur de formes dramatiques* : de ses premiers essais dans la comédie à ses tragi-comédies* et ses réussites tragiques, il n'a de cesse de renouveler et d'inventer.

Ses « comédies héroïques » (*Don Sanche d'Aragon* en 1649 et *Pulchérie* en 1672) tentent de créer un genre nouveau tandis qu'il écrit aussi des pièces à machines* pour satisfaire le plaisir du roi (*Andromède*, 1650).

Témoin et acteur d'une période capitale dans l'évolution du genre dramatique* en France, Corneille laisse une œuvre riche et protéiforme qui permet précisément de saisir toute l'effervescence créatrice de cette époque. *L'Illusion comique* (1635), pièce de jeunesse, témoigne d'une grande connaissance des outils dramatiques* de son temps et exalte les pouvoirs d'illusion du théâtre pour donner à voir cette magie à laquelle Corneille ne cessera de croire.

4 - GENÈSE DE *L'ILLUSION COMIQUE*

■ Créer un succès

Toutes les premières pièces de Corneille sont créées au théâtre du Marais, par la troupe de Mondory. En 1635, le pouvoir ordonne une réorganisation des troupes parisiennes ; Mondory est alors obligé d'engager Bellemore, spécialisé dans le rôle du capitan Matamore. Il est très probable que le directeur de troupe demande à Corneille d'écrire une pièce qui lui permette de faire valoir au mieux sa nouvelle recrue et le jeu de ses comédiens. En mélangeant les genres et les morceaux de bravoure, *L'Illusion comique* constitue une arme de choix pour concurrencer la troupe rivale de l'hôtel de Bourgogne.

Corneille utilise sa parfaite connaissance des outils théâtraux et des goûts de son temps pour proposer une véritable « parade » des genres dramatiques* reconnus : la pastorale*, la tragi-comédie*, la comédie et la tragédie. Pour mettre en scène ce mélange, il reprend un principe de construction qui a eu du succès quelques années auparavant : mettre en scène des personnages qui représentent des comédiens. En effet, deux pièces, intitulées toutes les deux *La Comédie des comédiens* (l'une de Gougenot et l'autre de Scudéry), firent les beaux jours de l'hôtel de Bourgogne puis du théâtre du Marais en 1631 et 1632. Dans l'œuvre de Scudéry, nous suivons un personnage nommé Blandimare qui, à la recherche de son neveu, arrive à Lyon ; découvrant qu'il travaille pour une troupe de comédiens, il invite tous les acteurs à souper et discute avec eux de la valeur du théâtre. Les acteurs lui proposent comme réponse un échantillon de leur art et parviennent ainsi à le convaincre de la valeur du théâtre ; il approuve la vocation de son neveu et se joint lui-même à la troupe. La trame rappelle celle de *L'Illusion comique* dans laquelle Pridamant recherche son fils et le découvre comédien. Corneille s'inspire donc sans doute d'une matière déjà éprouvée, mais il l'informe de façon tout à fait singulière en proposant une œuvre originale.

▪ S'inspirer des genres à la mode

Corneille utilise les outils et motifs dramatiques* des deux genres les plus à la mode au début des années 1630 : la pastorale* et la tragi-comédie*.

*La pastorale**

La pastorale* met traditionnellement en scène des bergers et des bergères de pure convention dans un décor bucolique de pure fiction, et développe leurs aventures sentimentales : ils s'aiment, se perdent, sont victimes d'enchantements de toutes sortes, se retrouvent, se perdent à nouveau, et tiennent de longs discours sur la nature du sentiment amoureux. Le modèle du genre n'est pas dramatique* : il s'agit de *L'Astrée*

(1607-1628), roman à succès d'Honoré d'Urfé et livre de chevet de toute une génération. On y trouve un mage, le devin Adamas, qui joue un rôle central dans le dénouement en permettant à chacun de retrouver la voie du bonheur. Comme l'Alcandre de Corneille, il apparaît dans un décor champêtre. Le nom même d'Alcandre est déjà celui du mage dans les pastorales* de Jean Rotrou (*La Bague d'oubli*, *L'Innocente Infidélité*). Corneille reprend donc un type dramatique* capable de symboliser à lui seul le genre pastoral.

*La tragi-comédie**

Corneille emprunte à la tragi-comédie* de nombreuses caractéristiques, aussi bien structurelles que thématiques. En effet, l'intrigue romanesque faite de rebondissements successifs (jalousie, emprisonnement, évasion) est construite comme une suite de situations archétypales du genre, dont Corneille n'hésite pas à utiliser de nombreux clichés : le monologue du héros emprisonné, l'enlèvement consenti de l'amoureuse, la fuite des amants. L'auteur de *L'Illusion comique* connaît parfaitement les modèles dramatiques* de son temps.

La comédie

Mais la comédie est, elle aussi, largement présente : dans la reprise de la tradition comique de la farce, et surtout de la *commedia dell'arte**. Le personnage de Matamore, accompagné de son parasite, est directement inspiré par les canevas de *commedia*. Chacune des troupes italiennes invitées à la cour de France comportait parmi les rôles obligés celui de Capitan Fanfaron ; et de nombreux ouvrages faisaient circuler en France ce personnage comique par excellence (notamment le livre de Silvio Fiorillo dans lequel, en 1627, il résume son parcours théâtral : *Le Monde conquis par Silvio Fiorillo, dit le Capitaine Matamore, comédien*). Le rôle du père noble et ridicule est lui aussi typique des canevas comiques de l'époque, et le Géronte de *L'Illusion comique* n'est pas sans rappeler le Pantalon de la *commedia*.

La tragédie

Enfin, l'apparition de la tragédie au dernier acte s'inspire du grand modèle de l'époque, Alexandre Hardy. Ce dernier est l'auteur tragique le plus représenté et le plus prolifique du début du XVIIe siècle. Corneille semble s'amuser à reprendre là un modèle déjà quelque peu archaïque mais qui, lui aussi, remplit une fonction archétypale.

Ce rapide relevé permet de mettre en évidence un des moteurs de l'écriture dramatique* de *L'Illusion comique*: la volonté de s'amuser des modèles dramatiques* connus du public. Les reprises sont donc nombreuses, mais la singularité du travail de Corneille est précisément dans son habileté à jouer de tous ces clichés pour les mettre au service d'un propos original, la glorification des pouvoirs illusionnistes du théâtre.

« On dirait que Corneille s'est fait un jeu de renfermer dans les cinq actes de sa comédie tous les lieux communs du théâtre d'alors. » Ce jugement du critique Robert Garapon en 1957 rend compte du caractère fortement intertextuel de la pièce de Corneille.

■ Publication, réception et postérité

L'Illusion comique est un nouveau succès. La publication tardive de la pièce en 1639, soit trois ans après la représentation, le prouve : lorsqu'une œuvre ne rencontrait pas l'approbation du public, son auteur préférait la publier rapidement afin qu'elle soit reprise par une autre troupe et en province. Dans l'*Examen* de 1660, Corneille le confirme : « [...] la nouveauté de ce caprice en [a] rendu le succès assez favorable pour ne me repentir pas d'y avoir perdu quelque temps », avant de s'étonner que la pièce soit encore représentée au moment où il prépare l'édition de ses œuvres complètes :

> Je ne m'étendrai pas davantage sur ce Poème. Tout irrégulier qu'il est, il faut qu'il ait quelque mérite, puisqu'il a surmonté l'injure des temps, et qu'il paraît encore sur nos Théâtres, bien qu'il y ait plus de trente années qu'il est au Monde, et qu'une si longue révolution en ait enseveli beaucoup sous la poussière, qui semblaient avoir plus de droit que lui de prétendre à une si heureuse durée.

Mais cet *Examen* exprime surtout les réserves d'un auteur face à une bizarrerie qui n'est pas du tout du goût classique, à la recherche de pureté et de règles. C'est donc avec un certain dénigrement que Corneille juge sa pièce en 1660. L'affirmation du classicisme, épris de régularité et de règles, a eu raison de l'extravagance de jeunesse. L'auteur livre d'ailleurs une version profondément remaniée de la pièce originale dans l'édition qu'il donne de ses œuvres complètes en 1660 : près de quatre cents vers sont remaniés ; un rôle, toute une scène et plusieurs éléments importants du dernier acte sont même supprimés. C'est bien sûr à l'édition de 1639 qu'il faut se référer si l'on veut saisir l'œuvre dans son intégrité et sa vérité. Mais ces remaniements classiques permettent de saisir la place singulière qu'occupe cette pièce, aussi bien dans l'histoire du théâtre que dans l'œuvre de Corneille.

Après l'oubli classique, l'époque romantique redécouvre *L'Illusion comique* en 1861 sur la scène de la Comédie-Française, dans une version très éloignée du texte original puisque le quatrième acte disparaît et que la tragédie du cinquième acte est remplacée par un extrait du premier acte de *Don Sanche d'Aragon* (comédie héroïque de Corneille écrite en 1649). L'accueil est enthousiaste : la fantaisie de *L'Illusion comique* est en accord avec les nouveaux canons esthétiques et les idéaux romantiques qui prônent le mélange des genres et des registres et l'abandon des règles classiques.

Mais c'est le XXe siècle qui redonne à la pièce toute sa splendeur, grâce à la scène et sous l'impulsion des études littéraires sur le baroque. En effet, la mise en scène de Louis Jouvet en 1937 à la Comédie-Française permet de découvrir *L'Illusion comique* dans tout son éclat féerique. Ce succès est suivi d'autres mises en scène marquantes qui rendent à la pièce son intemporalité et sa force. En 1984, la mise en scène de Giorgio Strehler (1921-1997) au théâtre de l'Odéon crée l'événement : la beauté du dispositif scénique et des lumières, le jeu des comédiens, tout concourt à faire de *L'Illusion comique* une magnifique métaphore* de la vie.

2

ÉTUDE DU TEXTE

1 - RÉSUMÉ

■ Acte I : exposition* et mise en place de la pièce cadre

L'action se déroule dans un bois, devant une grotte.

Scène 1 : Dorante, Pridamant.

Dorante conduit son ami Pridamant devant la grotte du mage Alcandre : Pridamant espère, grâce aux pouvoirs du mage, retrouver son fils qui a disparu depuis dix ans. Dorante lui assure que le mage est doué de pouvoirs incroyables.

Scène 2 : Dorante, Pridamant, Alcandre.

Le vieux magicien apparaît et rassure immédiatement le père désespéré de Clindor : grâce à sa magie, il fait apparaître les habits princiers que Clindor porterait actuellement. Alcandre annonce à Pridamant qu'il lui fera voir l'histoire de son fils par le moyen de « spectres pareils à des corps animés ». Il demande à Dorante de les laisser seuls.

Scène 3 : Pridamant, Alcandre.

Alcandre fait le récit des premières aventures de Clindor après son départ de la maison paternelle : vite dépourvu d'argent, le jeune homme a dû se livrer à toutes sortes d'activités, souvent peu honorables (charlatan, écrivaillon, joueur...). Pridamant remercie le mage d'avoir éloigné Dorante et de lui avoir épargné la honte d'un tel récit devant son ami. Clindor a fini par arriver à Bordeaux et par entrer au service de Matamore, capitaine gascon, qui en a fait son intermédiaire auprès d'une jeune fille de très bonne famille. Clindor est devenu, à l'insu de son maître, son rival. Alcandre interrompt alors son récit pour préparer les charmes nécessaires à l'évocation vivante de la suite de ses aventures. Il invite Pridamant à le suivre dans sa grotte.

■ Acte II : début des aventures de Clindor

Alcandre et Pridamant sont dans la grotte. Les aventures de Clindor se déroulent sur une place publique, devant la maison de Géronte.

Scène 1 : Alcandre, Pridamant.

Depuis la grotte, Pridamant voit apparaître les « fantômes » de son fils et de son maître.

Scène 2 : [Alcandre et Pridamant spectateurs] Matamore, Clindor.

Matamore apparaît avec son valet Clindor : il évoque avec grandiloquence ses prétendues conquêtes guerrières et amoureuses devant Clindor qui soutient avec complaisance ses fanfaronnades. Mais s'approche Isabelle, la jeune fille que le capitaine courtise ; elle est accompagnée d'un prétendant, Adraste. Matamore, plus conquérant dans ses discours que dans ses actes, préfère se cacher.

Scène 3 : [Alcandre et Pridamant spectateurs] Adraste, Isabelle.

Isabelle refuse les avances galantes d'Adraste. Il se résout à demander la main de la jeune fille à son père Géronte, qui semble favorable à ce mariage.

Scène 4 : [Alcandre et Pridamant spectateurs] Matamore, Clindor, Isabelle, un page.

Une fois Adraste parti, Matamore et Clindor se montrent. Isabelle répond avec humour aux déclarations pompeuses du capitaine gascon, qui ne perçoit aucunement l'ironie de la jeune fille. Un page vient délivrer Isabelle et Clindor de l'importun.

Scène 5 : [Alcandre et Pridamant spectateurs] Clindor, Isabelle.

Clindor peut faire librement sa cour à la jeune fille qui l'arrête aussitôt dans sa déclaration galante : leur amour mutuel les dispense des discours habituels. Mais Adraste revenant, elle préfère prendre la fuite.

Scène 6 : [Alcandre et Pridamant spectateurs] Adraste, Clindor.

Adraste se retrouve seul avec Clindor et le met en garde : il sait bien qu'il est son rival et l'invite, en le menaçant, à ne plus se montrer devant la porte d'Isabelle. Clindor, sur le point de relever l'affront, préfère partir.

Scène 7 : [Alcandre et Pridamant spectateurs] Adraste, Lyse.

Adraste reste seul avec Lyse (la suivante d'Isabelle), elle-même amoureuse de Clindor. Les deux amants déçus unissent leur dépit et Lyse promet à Adraste de lui fournir une occasion de punir Clindor : il pourra surprendre Isabelle et Clindor dans leurs échanges amoureux. Adraste sort pour préparer sa vengeance.

Scène 8 : [Alcandre et Pridamant spectateurs] Lyse.

Lyse, restée seule, exprime sa colère contre Clindor qui lui préfère Isabelle. Elle annonce son châtiment prochain.

Scène 9 : Alcandre, Pridamant.

Pridamant est inquiet pour son fils, Alcandre le rassure.

■ Acte III : complications amoureuses

Sur la même place.

Scène 1 : [Alcandre et Pridamant spectateurs] Géronte, Isabelle.

Géronte ordonne à Isabelle de prendre Adraste pour époux. Elle refuse. Son père menace de la forcer à ce mariage avant de la renvoyer dans la maison.

Scène 2 : [Alcandre et Pridamant spectateurs] Géronte.

Dans un court monologue, Géronte s'emporte contre la désobéissance de la jeune fille et se montre résolu à la faire céder.

Scène 3 : [Alcandre et Pridamant spectateurs] Géronte, Matamore, Clindor.

Matamore et Clindor surviennent. Géronte, impatienté par les rodomontades de Matamore, lui demande de renoncer à Isabelle, puis le menace de le faire bastonner par ses valets.

Scène 4 : [Alcandre et Pridamant spectateurs] Matamore, Clindor.

Matamore, de peur de mettre à feu et à sang la maison de sa bien-aimée, préfère confier à Clindor le soin de lui parler. Il prend la fuite.

Scène 5 : [Alcandre et Pridamant spectateurs] Clindor, Lyse.

Lyse arrive et reproche à Clindor de lui préférer Isabelle. Ce dernier s'amuse à lui avouer qu'il les aime toutes les deux, mais qu'Isabelle a l'avantage du rang et de la fortune. Elle l'envoie voir sa maîtresse.

Scène 6 : [Alcandre et Pridamant spectateurs] Lyse.

Lyse exprime sa colère contre l'inconstance joyeuse de Clindor. Elle décide de s'en venger et de le livrer à Adraste.

Scène 7 : [Alcandre et Pridamant spectateurs] Matamore.

Matamore succède à Lyse sur la scène. Il craint de rencontrer les valets de Géronte. Voyant approcher Isabelle et Clindor, il se cache pour les écouter.

Scène 8 : [Alcandre et Pridamant spectateurs] Clindor, Isabelle, Matamore.

Isabelle assure à Clindor la fermeté de ses sentiments malgré l'opposition de son père. Elle se dit prête à le braver pour suivre Clindor. Matamore surgit.

Scène 9 : [Alcandre et Pridamant spectateurs] Matamore, Clindor.

Matamore semble furieux de découvrir les amours de son valet et d'Isabelle. Mais Clindor a vite fait de mettre fin à ses récriminations : fidèle à sa couardise, Matamore cède Isabelle à Clindor par « générosité ».

Scène 10 : [Alcandre et Pridamant spectateurs] Isabelle, Matamore, Clindor.

Les deux amants remercient Matamore de son geste. Chacun a l'air content.

Scène 11 : [Alcandre et Pridamant spectateurs] Géronte, Adraste, Matamore, Clindor, Isabelle, Lyse, une troupe de domestiques.

Ils sont interrompus par l'entrée de Géronte et d'Adraste, accompagnés de valets armés : Matamore s'enfuit tandis que Clindor, après avoir blessé son rival, tombe sous les coups des domestiques. On l'emmène en prison.

Scène 12 : Alcandre, Pridamant.
Pridamant croit son fils mort, Alcandre le rassure.

▪ Acte IV : premier dénouement

La scène se passe toujours devant la maison de Géronte, puis dans la prison.

Scène 1 : [Alcandre et Pridamant spectateurs] Isabelle.

Dans un long monologue tragique, Isabelle nous apprend que Clindor n'a été blessé que superficiellement ; mais son rival, Adraste, est mort. Clindor est en prison, condamné à la peine capitale. Isabelle jure de le suivre dans la mort, puis de revenir hanter son père qu'elle rend responsable de son malheur.

Scène 2 : [Alcandre et Pridamant spectateurs] Isabelle, Lyse.

Elle est interrompue par Lyse qui, après s'être moquée de la peine de sa maîtresse, la rassure : elle a séduit le geôlier et tout est prêt pour faire évader Clindor cette nuit même. Isabelle se réjouit de ce plan. Elle rentre pour laisser Lyse retrouver sa nouvelle conquête.

Scène 3 : [Alcandre et Pridamant spectateurs] Lyse.
Restée seule, Lyse se repent de sa trahison qui a pris un tour tragique. Elle jure de réparer son erreur en rendant heureux Isabelle et son amant.

Scène 4 : [Alcandre et Pridamant spectateurs] Matamore, Isabelle, Lyse.

Matamore entre inopinément, poursuivi par Isabelle qui vient de le surprendre au grenier où il se cache depuis quatre jours. La seule évocation des valets de Géronte le fait fuir.

Scène 5 : [Alcandre et Pridamant spectateurs] Isabelle, Lyse.

Le plan n'est pas compromis, malgré ce léger contretemps. Arrive le geôlier.

Scène 6 : [Alcandre et Pridamant spectateurs] Isabelle, Lyse, le geôlier.

Le geôlier accepte de faire évader Clindor, à condition d'être aimé de Lyse. Tombés d'accord, ils sortent pour exécuter leur plan.

Scène 7 : [Alcandre et Pridamant spectateurs] Clindor.

Pendant ce temps, dans sa cellule, Clindor se prépare à la mort. Confronté au supplice qui l'attend, il découvre qu'il n'aime qu'Isabelle.

Scène 8 : [Alcandre et Pridamant spectateurs] Clindor, le geôlier.

Le geôlier entre, se faisant passer pour le bourreau. Il demande à Clindor de le suivre pour être exécuté de nuit.

Scène 9 : [Alcandre et Pridamant spectateurs] Clindor, Isabelle, Lyse, le geôlier.

Clindor est vite détrompé en découvrant Isabelle et Lyse qui l'attendent pour s'enfuir avec lui.

Scène 10 : Alcandre, Pridamant.

Pridamant est rassuré. Alcandre passe sur les deux années qui suivent cette évasion : après d'autres aventures, ils ont réussi et sont montés « en haut degré d'honneur ». Alcandre va évoquer devant Pridamant leur nouvelle condition.

■ Acte V : dénouement final

Dans un lieu indéterminé qui ressemble d'abord au jardin d'un riche palais.

Scène 1 : Alcandre, Pridamant.

Pridamant découvre avec étonnement Isabelle, éclatante dans de riches vêtements, suivie de Lyse.

Scène 2 : [Alcandre et Pridamant spectateurs] Isabelle, Lyse.

Dans le jardin d'un palais, Isabelle, devenue princesse, s'entretient de nuit avec Lyse, elle-même parée comme une suivante royale. Isabelle se plaint de son mari qui la trompe avec la princesse Rosine, épouse de son bienfaiteur, Florilame. Elle veut les surprendre dans ce jardin, lieu de leurs rendez-vous secrets. Lyse tente de l'en dissuader.

Scène 3 : [Alcandre et Pridamant spectateurs] Clindor, Isabelle, Lyse.

Clindor apparaît, vêtu en grand seigneur. Trompé par l'obscurité, il s'adresse à Isabelle en croyant parler à Rosine. Il lui déclare sa flamme, mais Isabelle se découvre : elle l'accable de reproches en lui rappelant qu'elle a tout quitté pour le suivre. Elle menace de se suicider. Clindor, touché par la force de son amour, lui demande d'excuser son égarement. La princesse Rosine s'avance. Clindor demande à Isabelle de se cacher pour écouter : il lui prouvera qu'il renonce à Rosine.

Scène 4 : [Alcandre et Pridamant spectateurs] Clindor, Rosine.

Rosine se dit prête à se donner à Clindor, mais celui-ci lui annonce qu'il renonce à elle. Elle jure de se donner la mort.

Scène 5 : [Alcandre et Pridamant spectateurs] Clindor, Rosine, Isabelle, Lyse, Éraste, une troupe de domestiques.

Éraste, officier du prince, surgit, accompagné de domestiques armés. Rosine et Clindor sont tués. Pridamant ne peut s'empêcher de pousser un cri. Isabelle est emmenée par Éraste pour servir aux plaisirs du prince.

Scène 6 : Alcandre, Pridamant.

Pridamant est désespéré et s'apprête à mourir, mais Alcandre lui montre alors Clindor, Isabelle, Lyse et tous ceux qui sont apparus dans ce dernier acte, en train de se partager de l'argent. Ils sont devenus comédiens et Pridamant vient d'assister à l'une de leurs représentations tragiques. Cette nouvelle ne console pas le père de Clindor, désolé de voir son fils exercer un métier si infamant. Mais Alcandre, dans une tirade à la gloire du théâtre, le convainc de la dignité de la profession de comédien. Pridamant, convaincu, annonce qu'il part rejoindre son fils à Paris.

2 - STRUCTURE DE LA PIÈCE

▪ Trois niveaux de réalité

La pièce est construite selon un principe d'enchâssement des histoires et des réalités. Corneille reprend le schéma du théâtre dans le théâtre, mais il le complexifie et lui donne une justification dramatique* puissante.

Niveau 1 : Pridamant et Alcandre dans la grotte

Le premier niveau de réalité structure l'ensemble de la pièce en encadrant l'action. Il constitue ce que l'on peut appeler la pièce cadre, dans laquelle les personnages sont à la fois acteurs et spectateurs. Elle est mise en place par le premier acte que Corneille désigne faussement comme un prologue dans son *Examen* de 1660. Alcandre et Pridamant sont constamment présents sur la scène, comme le rappellent leurs interventions successives : au début et à la fin de l'acte II, puis à la fin des actes III, IV et V. À la fin de la pièce, Pridamant apprend ce qu'il voulait savoir et peut aller retrouver son fils devenu comédien à Paris. Cette pièce cadre justifie l'ensemble de la pièce et assure une fonction structurale puissante en créant un effet de circularité.

Niveau 2 : les aventures de Clindor évoquées par Alcandre

Le deuxième niveau de réalité est constitué par l'évocation d'un épisode particulièrement agité de la vie de Clindor. L'action, riche en rebondissements, y est malgré tout assez linéaire, si ce n'est à l'acte IV où l'on passe de façon abrupte de la maison d'Isabelle à la geôle de Clindor. Mais ce saut temporel et spatial s'explique par le fait que l'histoire représentée est commandée par le mage, qui peut à son gré accélérer le temps, revenir en arrière, et changer les lieux.

Niveau 3 : la tragédie représentée par la troupe de Clindor

Le troisième niveau de réalité est annoncé comme la suite du deuxième :

> PRIDAMANT
> Qu'Isabelle est changée et qu'elle est éclatante !
>
> ALCANDRE
> Lyse marche après elle et lui sert de suivante.
> (V, 1, v. 1345-1346)

Ce n'est que rétrospectivement, lorsqu'ils voient les comédiens se partager la recette, que Pridamant et les spectateurs comprennent qu'il s'agit de la représentation d'une pièce. Ce troisième niveau constitue à proprement parler le moment de théâtre dans le théâtre. Mais Corneille utilise le procédé de façon originale : il s'en sert pour brouiller les frontières entre réalité et théâtre, et jouer encore davantage sur l'illusion. L'artifice est d'autant plus habile que la tragédie représentée semble poursuivre l'histoire de Clindor et d'Isabelle.

Corneille renouvelle donc le procédé du théâtre dans le théâtre : il mélange réalité présente (contemporaine de celle du spectateur), réalité passée (évoquée par Alcandre) et irréalité théâtrale. Il parvient à parfaitement imbriquer ces différents niveaux grâce à une structure dramatique* très cohérente, prise en charge par le mage Alcandre. Cette structure assure la cohérence de l'ensemble puisque c'est par rapport à Pridamant, toujours présent sur la scène, que tout prend sens.

▪ Une « parade » hétérogène

La structure globale de la pièce enserre des éléments très disparates et de nature hétéroclite. Cette hétérogénéité est liée à des questions de genres et de registres, comme le prouvent les expressions employées par Corneille pour qualifier sa pièce dans l'épître dédicatoire de 1639 et dans l'*Examen* de 1660.

	Épître dédicatoire de 1639	*Examen* de 1660
Nature de la pièce	« étrange monstre » « pièce capricieuse »	« galanterie extravagante » « caprice »
Acte I	« prologue »	« prologue »
Actes II, III, IV	« comédie imparfaite »	« dénouement de tragédie » « style et personnages de comédie » « action incomplète »
Acte V	« tragédie »	« tragédie »
Genre de la pièce	« comédie »	« comédie »

Les termes employés par Corneille mettent en évidence l'hétérogénéité générique de *L'Illusion comique*. Aux éléments de tragédie et de comédie, qui sont les seuls cités par le dramaturge, on peut ajouter les genres de la pastorale* et de la tragi-comédie*.

*La pastorale**

La pastorale* est présente par le biais d'Alcandre. En effet, le personnage du mage est caractéristique du genre, ainsi que le cadre champêtre mis en place dans le premier acte : le lieu dans lequel arrivent Dorante et Pridamant est un endroit étrange et dangereux, proche des forêts enchantées qui peuplent l'univers de la pastorale* :

> DORANTE
> Ce grand Mage dont l'art commande à la nature
> N'a choisi pour palais que cette grotte obscure ;
> La nuit qu'il entretient sur cet affreux séjour,
> N'ouvrant son voile épais qu'aux rayons d'un faux jour,
> De leur éclat douteux n'admet en ces lieux sombres
> Que ce qu'en peut souffrir le commerce des ombres.
> (I, 1, v. 1 à 6)

*La tragi-comédie**

La tragi-comédie* se définit de la façon la plus simple comme une tragédie qui se finit bien. Mais cette définition minimale ne rend pas compte de sa réelle spécificité. Elle se caractérise surtout par son mélange des tons et des registres et par la complexité romanesque de son intrigue faite de multiples rebondissements, de combats et autres imprévus. Les actes II, III et IV, que Corneille semble avoir quelque difficulté à caractériser dans ses textes liminaires, constituent une tragi-comédie* inachevée (« action incomplète », écrit-il dans l'*Examen* de 1660) et inversée, puisqu'ils ne mettent pas en scène des personnages de tragédie dont l'histoire se finit bien, mais des personnages de comédie qui connaissent un destin tragique. En effet, Clindor est en passe d'être exécuté, Isabelle est prête à se donner la mort pour suivre son amant. On trouve dans ces trois actes des éléments comiques juxtaposés à des éléments tragiques : chaque scène avec Matamore propose un grand moment de comédie, tandis que la vengeance de Lyse (acte III) et le péril de mort de l'acte IV créent une atmosphère tragique. Corneille utilise en outre des situations typiques du genre de la tragi-comédie* : un combat sur scène (acte III), un emprisonnement (acte IV), une évasion (acte IV).

La comédie

La comédie apparaît dans sa forme la plus traditionnelle sous les traits de Matamore, mais aussi de Géronte, tous deux issus des univers de la *commedia dell'arte** et de la farce. Pridamant lui-même fait penser aux pères autoritaires des intrigues de comédie : l'action dans les actes II, III et IV s'appuie sur le schéma usuel du mariage forcé. Mais la comédie est aussi une comédie sentimentale qui rappelle les premières pièces de Corneille : un jeune homme inconstant promet son cœur à l'une (Isabelle) puis à l'autre (Lyse).

La tragédie

La tragédie, avant même d'apparaître sous une forme achevée à l'acte V, est présente dès l'acte IV par le biais des monologues d'Isabelle et de Clindor (scène 1 et scène 7), caractéristiques du genre : l'horizon d'une mort prochaine, à laquelle le héros se résout, nous fait entrer dans le genre tragique.

Trois actes exemplaires

Voici les scènes typiques des genres en présence dans les actes II, III et IV :

	Acte II	Acte III	Acte IV
Comédie	Scènes 2 et 4	Scènes 3 et 4 Scènes 7, 9 et 10	Scène 4
Comédie sentimentale	Scène 5	Scènes 5 et 8	
Tragi-comédie	Scènes 6 et 7	Scènes 6 et 11	Scènes 3, 5 et 6
Tragédie			Scènes 1 et 7

Ce tableau ne rend pas compte de la complexité générique de *L'Illusion comique*, car certaines scènes ne peuvent être classées dans une seule catégorie. Ainsi, les scènes entre Géronte et sa fille à l'acte III (scènes 1 et 2) s'appuient sur une situation de comédie, mais le ton n'est pas comique. De même, la scène 5 de l'acte III entre Lyse et Clindor commence comme une scène de comédie mais s'achève sur une tonalité plus grave qui annonce la scène suivante. Ce sont donc non seulement les genres qui sont en jeu, mais aussi les registres qui eux-mêmes ne sont pas homogènes. Les tonalités sont, elles aussi, variées et peuvent changer au cours d'une même scène.

La structure encadrante de la pièce permet un certain éparpillement formel et générique à l'intérieur de cette architecture. *L'Illusion comique* est une pièce construite comme une parade théâtrale qui donnerait à voir toutes les possibilités de l'art dramatique*, en proposant des échantillons génériques. Le metteur en scène Jean-Marie Villégier met en avant cette caractéristique lorsqu'il monte la pièce en 1997 :

> *L'Illusion comique* est une chimère dramatique, un *patchwork* dont l'auteur a cousu ensemble, comme par défi, des échantillons d'origines diverses : pastorale, féerie, tragi-comédie, roman picaresque, tragédie, comédie à l'italienne, chaque fragment affirme avec insolence sa couleur propre. Et pourtant, cette fête du théâtre, cette foire au théâtre, parvient à inscrire ses

multiples stands en un lieu unique : une grotte, antre d'un magicien, où les fantômes marchent à la baguette.

Jean-Marie Villégier, extrait du programme du théâtre de l'Athénée (saison 1996-1997).

■ Jeu et inconstance

L'hétérogénéité est compensée par un réel souci de continuité. Les registres et les genres ne sont pas juxtaposés, mais ils se mêlent souvent ou sont introduits par des effets de glissement. On glisse ainsi de la comédie, qui domine l'acte II, à la tragi-comédie* (actes III et IV), puis de la tragi-comédie* à la tragédie (actes IV et V). Clindor et Isabelle semblent continuer sur un autre ton les vicissitudes d'une aventure unique. Cela ressemble aux aléas de la vraie vie. Or, c'est précisément la vie de Clindor que nous fait voir Alcandre. En outre, cette continuité assure la surprise du dernier acte : la tragédie représentée peut vraiment faire illusion, car elle est construite sur un jeu d'échos avec les situations précédentes. Ainsi, les premières répliques de Lyse, dans l'acte V, rappellent ses propres mots dans la scène 2 de l'acte IV : le rapport entre les deux femmes (Lyse et Isabelle) est maintenu et c'est encore le manque de foi de Clindor qui est en question. Alcandre s'amuse à tromper Pridamant et Corneille joue avec son spectateur.

Certaines scènes jouent ainsi sur l'inconstance des situations, des rôles et des registres. C'est le cas notamment de la scène 2 de l'acte IV : Lyse vient interrompre le monologue tragique d'Isabelle. Après une entrée fracassante, elle se moque de la douleur de sa maîtresse :

LYSE
Que vous prenez de peine à grossir vos ennuis !

ISABELLE
Que veux-tu que je fasse en l'état où je suis ?

LYSE
De deux amants parfaits dont vous étiez servie
L'un est mort, et demain l'autre perdra la vie :
Sans perdre plus de temps à soupirer pour eux,
Il en faut trouver un qui les vaille tous deux.

ISABELLE
Impudente, oses-tu me tenir ces paroles ?
(IV, 2, v. 1039 à 1045)

Lyse s'amuse avec les sentiments de sa maîtresse avant de lui révéler le plan qu'elle a conçu pour sauver Clindor. La douleur tragique d'Isabelle est donc immédiatement désamorcée, mais surtout elle est l'occasion d'une confrontation qui vient remettre en question le statut même des deux personnages : Lyse devient meneuse de jeu – à la fois servante, confidente et rivale. On peut lire, dans le temps qu'elle prend à révéler son plan, une certaine pointe de cruauté qui lui permet de poursuivre sa vengeance sur un mode léger. S'agit-il d'un jeu, d'une mise à l'épreuve ou d'une vengeance ? L'ambiguïté est d'autant plus grande que la servante de comédie a révélé sa face tragique dans son monologue de la scène 6 de l'acte III.

Cette scène (IV, 2) offre donc un bel exemple du brouillage des genres et des registres opéré par Corneille. Le spectateur est confronté à des personnages et à des situations qu'il reconnaît et dont il peut identifier le genre, mais en même temps ces archétypes sont souvent déjoués ou mêlés à d'autres éléments moins clairement identifiables.

C'est donc à un véritable jeu que Corneille semble convier son spectateur.

3 - LES PERSONNAGES

■ Dorante

Dorante est d'abord un personnage défini par sa fonction dramaturgique : assurer l'exposition*, c'est-à-dire présenter à la fois le lieu où se déroule l'action et le personnage d'Alcandre. Une fois cette fonction accomplie, il quitte définitivement le plateau. Corneille choisit d'en faire le confident et l'ami de Pridamant et de reprendre ainsi une relation attendue et connue du public. Mais au-delà, le personnage surprend, dans l'ouverture de la pièce, par son côté hâbleur : il présente le mage et la grotte où il vit avec un certain goût pour le sensationnel – un plaisir de la formule et des effets. Il remplit donc aussi une fonction réflexive en ce qu'il dénonce, de façon implicite, sa fonction d'exposition* et sa théâtralité. Tel le bonimenteur, il annonce le spectacle : « Espérez mieux, il sort, et s'avance vers vous » (I, 1, v. 80).

■ Pridamant

Pridamant apparaît comme un père repentant et désespéré d'avoir perdu son fils. Il est, pour ainsi dire, le double repenti de Géronte, père intransigeant tout droit issu du monde de la comédie. Cette filiation explique son étonnement bourgeois à l'acte V lorsqu'il apprend que son fils est devenu comédien. Mais c'est surtout sa qualité de spectateur soumis aux pouvoirs de l'illusion qui le caractérise. Son état initial, celui d'un père à la fois découragé et ne voulant pas renoncer – « J'ai de l'impatience et je manque d'espoir » (I, 1, v. 20) –, est causé par une ignorance qui l'a conduit à l'errance. Le mage Alcandre lui apprend la vérité par le biais de l'illusion évocatoire ; il sera libéré de son erreur et de sa tristesse (V, 6, v. 1813-1814). Son parcours s'apparente à celui d'une initiation. Spectateur privilégié, il est le double naïf du spectateur réel qui le suit dans ses espoirs et ses craintes à la vue des aventures de Clindor.

■ Alcandre

Personnage issu de l'univers de la pastorale*, Alcandre occupe une place privilégiée. Il est à l'origine de toute l'action : la plupart des personnages (sauf Dorante et Pridamant) n'existent que par le biais de son évocation. C'est lui qui fait apparaître le spectacle auquel Pridamant assiste ; il le met en scène, l'interrompt, accélère le rythme en jouant des ellipses (entre l'acte IV et l'acte V), crée des effets d'annonce et de surprise (lorsqu'il fait apparaître, dès le premier acte, les riches habits de scène que portera Clindor au dernier acte). Il joue avec les attentes de son public et avec ses émotions. Il est donc dramaturge, démiurge, double de Corneille lui-même. Mais ses pouvoirs sont mis au service de la conversion. Dès sa présentation par Dorante à l'acte I, il apparaît comme un magicien, mais aussi et surtout comme un ermite philosophe qui se plaît davantage à lire l'âme humaine qu'à provoquer de terrifiants « miracles » (v. 56) :

> DORANTE
> [...] Il suffira pour vous qu'il lit dans les pensées,
> Et connaît l'avenir et les choses passées,
> Rien n'est secret pour lui dans tout cet Univers,
> Et pour lui nos destins sont des livres ouverts [...].
> (I, 1, v. 57 à 60)

Le choix d'une grotte comme lieu de vie et d'évocation rappelle non seulement la boîte noire de la salle de spectacle, mais aussi la caverne platonicienne, depuis laquelle le philosophe observe le monde des Idées. Personnage central qui concentre les multiples significations de la pièce, Alcandre est au cœur de l'illusion.

■ Matamore

Personnage issu de la plus pure et de la plus ancienne tradition comique, Matamore est l'illustre descendant du Pyrgopolinice de Plaute dans *Le Soldat fanfaron* (*Miles gloriosus*), comédie latine bien connue aux XVIe et XVIIe siècles. Type comique du soldat fanfaron, qui se compare dans ses discours aux dieux de la guerre et de l'amour, il est un soldat peureux et inoffensif et un amant ridicule. La *commedia dell'arte** en a fait l'un de ses personnages les plus drôles. Corneille, recréant le couple traditionnel, l'accompagne de son valet parasite (ici Clindor). Très présent dans les actes II et III, où il possède le plus long temps de parole, il disparaît dans l'acte IV au fur et à mesure que s'impose la tragi-comédie*. Matamore ne joue aucun rôle dans l'action proprement dite : cette inactivité est d'autant plus frappante qu'il parle beaucoup. Corneille accentue d'ailleurs l'aspect de pure figure théâtrale du personnage : contrairement aux autres, Matamore n'a pas d'existence propre : il n'a ni passé ni avenir, il agit pour rien. Il ne vit que dans des situations théâtrales fortement codées dans lesquelles il remplit sa fonction comique et parodique* (son discours est une imitation dégradée des discours héroïques et galants). Cela est d'autant plus déroutant qu'il appartient à la « vraie » vie de Clindor et non à une représentation dramatique* (comme peut l'être la tragédie du cinquième acte). La présence de Matamore dénonce donc le jeu dans lequel Corneille entraîne son spectateur : il contribue à brouiller encore davantage la frontière entre la vraie réalité et la réalité représentée, entre le réel et le théâtre.

■ Clindor

Clindor est un personnage complexe, image de l'inconstance. Il offre ainsi une multitude de visages différents, liés à chaque fois à des types différents. La présentation que fait Alcandre de son itinéraire, après sa fuite dans la scène 3 de l'acte I, le rapproche du modèle picaresque : le *picaro*, héros de roman espagnol, est un aventurier qui court de ville en ville et de métier en métier sans se soucier d'honnêteté ni de morale. Lorsqu'il apparaît sur scène, il est le valet parasite, faire-valoir ironique du fanfaron, puis l'amant d'Isabelle (II, 5), figure du jeune premier directement issue des canevas de *commedia dell'arte**. Puis il se révèle amant volage qui séduit la maîtresse tout en faisant la cour à sa servante (III, 5). Il se transforme enfin en héros de tragi-comédie* lors de son combat avec Adraste (III, 11), et surtout dans son monologue de l'acte IV (scène 7). Le personnage prend du sens à travers le mouvement de son parcours : il quitte une vie marquée par l'inconstance et le discontinu, dans laquelle il ne cesse de revêtir des masques successifs, pour devenir un amant fidèle et un comédien. La scène 7 de l'acte IV, dans laquelle il est confronté à la mort, constitue l'étape essentielle de sa conversion. Son monologue reproduit d'ailleurs son cheminement intérieur : on passe d'un tragique joué, dont la grandiloquence trahit le manque de sincérité, à un tragique vécu :

> Hélas ! que je me flatte, et que j'ai d'artifice
> Pour déguiser la honte et l'horreur d'un supplice !
> (IV, 7, v. 1257-1258)

Il renonce à jouer un rôle dans la vie pour mieux jouer sur la scène. On voit d'ailleurs comment l'inconstance du personnage qu'il interprète dans la tragédie du cinquième acte fait habilement écho à son inconstance première.

■ Isabelle

Isabelle correspond au modèle de l'amoureuse de comédie, douée d'esprit et obstinée. Elle repousse ironiquement les avances d'Adraste et de Matamore, coupe court aux inutiles galanteries de Clindor, s'oppose à la volonté de son père. Mais l'emprisonnement de son amant lui permet d'atteindre la grandeur tragique dans son monologue de la scène 1 de l'acte IV : prête à rejoindre Clindor dans la mort et à se venger ainsi de son père, elle se hisse au rang d'héroïne tragique, avant de devenir elle aussi comédienne à l'acte V.

■ Lyse

Soubrette habile et active, Lyse est en ce sens proche des servantes de la comédie italienne. Mais le personnage frappe surtout par l'ambiguïté de son statut : tantôt servante, tantôt rivale, tantôt amoureuse éconduite qui tient un discours tragique (III, 6), elle prend plusieurs visages. Elle est aussi celle qui mène le jeu et crée l'action : c'est à cause d'elle que Clindor est jeté en prison, et grâce à elle qu'il finit par s'évader. Elle est douée pour le jeu et la mise en scène : la scène 2 de l'acte IV, dans laquelle elle joue avec les sentiments de sa maîtresse, venant rompre ironiquement son épanchement tragique, lui confère une place singulière puisqu'elle met en scène la révélation de son plan. Figure de l'inconstance, elle est, malgré son statut initial de simple soubrette, l'un des personnages les plus actifs et les plus complexes de la pièce.

■ Géronte et Adraste

Géronte est un personnage d'une double nature. Son rôle en fait l'héritier direct de la plus vieille tradition comique, celle du vieux barbon qui s'oppose aux désirs de ses enfants pour les marier de force. Mais alors que la comédie en fait un personnage ridicule, qui peut croire aux fanfaronnades d'un Matamore, Corneille préfère lui donner un caractère plus réaliste : il n'entend pas marier sa fille à Adraste par caprice ou par avarice, mais parce qu'il est le parti idéal pour sa fille. Ce réalisme est également perceptible dans le fait qu'il ne participe pas aux délires de Matamore ; le fanfaron n'est pour lui qu'un fou :

> GÉRONTE
> Je ne suis pas d'humeur, à rire tant de fois
> Du crotesque récit de vos rares exploits.
> (III, 3, v. 719-720)

Adraste correspond au type du rival éconduit de la *commedia dell'arte**. Mais là encore, Corneille efface les traits ridicules de son modèle comique pour en faire un personnage antipathique capable d'entrer sans difficulté dans l'univers de la tragi-comédie* au moment du combat avec Clindor et de sa mort.

Issus du monde de la comédie, ces deux personnages s'en échappent pour se libérer à l'évidence du modèle.

▪ Les personnages de la tragédie de l'acte V

Dans les éditions postérieures à 1639, les personnages tragiques qu'interprètent Isabelle et Clindor sont appelés Hippolyte et Théagène. Ce couple tragique présente de nombreuses similitudes avec le vrai couple que forment Isabelle et Clindor dans les actes précédents : nous découvrons un époux inconstant, au passé d'aventurier, face à une épouse dévouée, prête à sacrifier sa vie.

Rosine

Le personnage de Rosine est d'un caractère fortement tragique en ce qu'elle est animée d'une passion violente qui lui enlève tout sentiment moral, puisque même le renoncement de Clindor ne peut la faire fléchir. En cela, Rosine se rapproche de deux héroïnes tragiques du théâtre de Corneille : Médée, et Cléopâtre dans *Rodogune.* Sa passion lui fait renoncer à la morale : elle rejette avec véhémence les arguments de Clindor avant de le menacer, afin de le punir, de faire une fausse déclaration à son mari. Fidélité et honneur ne sont pour elle que « noms odieux » :

> ROSINE
> N'as-tu jamais appris que ces vaines chimères
> Qui naissent aux cerveaux des maris et des mères,
> Ces vieux contes d'honneur n'ont point d'impressions
> Qui puissent arrêter les fortes passions ?
> (V, 4, v. 1677 à 1680)

Le caractère excessif du personnage est aussi le signe d'un certain archaïsme tragique : Rosine ressemble davantage à une héroïne du début du XVIIe siècle et sortie d'une tragédie d'Alexandre Hardy que d'une tragédie classique. Le personnage disparaît d'ailleurs dans l'édition de 1660 ; le modèle est sans doute devenu trop lointain et trop contraire aux principes de la bienséance classique.

4 - TRAVAIL DE LA LANGUE, JEU DES REGISTRES

▪ Le discours galant

Le discours amoureux est très présent dans *L'Illusion comique* puisque l'amour en constitue l'un des thèmes majeurs. Il s'inspire beaucoup du discours galant et précieux que la littérature romanesque et pastorale* a mis en vogue.

Le discours d'Adraste, à la scène 3 de l'acte II, en offre un bel exemple. Ce sont non seulement les expressions qu'il emploie, mais aussi la façon dont il décrit le sentiment amoureux qui relèvent du registre galant. Ainsi, le prétendant d'Isabelle se plaît à rappeler ses efforts et l'ingratitude de sa belle :

> ADRASTE
> **Cruelle**, est-ce là donc ce que vos injustices
> Ont réservé de prix à de si longs **services** ?
> Et mon **fidèle amour** est-il si **criminel**
> Qu'il doive être **puni** d'un **mépris** éternel ?
> (II, 3, v. 361 à 364)

On retrouve là l'image traditionnelle du chevalier servant (« services ») dont la constance (« fidèle amour ») ne parvient pas à réduire la froideur de l'être aimé dont l'insensibilité devient cruauté. Le vocabulaire fait lui aussi directement référence au discours galant (« cruelle », « mépris »). Enfin, la personnification du sentiment amoureux (l'amour « criminel » est « puni ») est une des figures récurrentes du langage amoureux précieux. De même, lorsque Adraste décrit la naissance de son amour (v. 373 à 381), on retrouve les étapes de l'amour courtois : l'amoureux est frappé au cœur par le regard foudroyant de l'être aimé et ne devient lui-même que dans la pure adoration de cet être aimé. Le dialogue se construit comme un combat de mots, jeu amoureux entre celui qui aime et celle qui refuse cet amour. Isabelle, tout aussi habile dans ce registre que son prétendant, s'amuse de son discours et lui renvoie avec esprit ses images.

On identifie donc dans ces lignes tout le stock d'images et d'expressions caractéristiques du discours galant : les soupirs, les souffrances, les regards foudroyants, les flammes de l'amour et les tourments… Mais il est intéressant de voir de quelle façon Corneille, par le biais d'Isabelle, dénonce ce langage deux scènes plus loin (II, 5) lorsqu'elle coupe court aux déclarations de Clindor :

> ISABELLE
> Que m'allez-vous conter ?
>
> CLINDOR
> Que j'adore Isabelle ;
> Que je n'ai plus de cœur ni d'âme que pour elle ;
> Que ma vie…
>
> ISABELLE
> Épargnez ces propos superflus.
> Je les sais, je les crois : que voulez-vous de plus ?
> (II, 5, v. 485 à 488)

Isabelle s'amuse à désamorcer la déclaration galante en en montrant la vanité. Si Corneille semble si bien posséder cette langue, c'est qu'il l'a déjà de nombreuses fois mise en scène dans ses premières comédies, construites comme autant de variations sur les jeux de l'amour et de l'inconstance. Mais Corneille s'amuse, dans *L'Illusion comique*, à interroger la sincérité du discours amoureux : ainsi, les personnages passent d'un langage convenu et artificiel (Adraste et Clindor avant l'acte IV) à un langage authentique qui utilise pourtant les mêmes images et s'appuie sur les mêmes conceptions amoureuses (Clindor dans la scène 7 de l'acte IV, ou Isabelle dès les premières scènes de l'acte IV). Le langage galant et amoureux est lui aussi le lieu d'expression du motif de l'illusion, puisqu'il peut être utilisé comme un masque.

▪ Le discours de la tragédie

Des valeurs héroïques

Certains personnages de *L'Illusion comique* acquièrent une dimension héroïque qui s'exprime dans leur discours. La différence de niveau de langue donne à lire un autre registre. L'apparition des valeurs héroïques signale ce changement de discours et de statut du personnage. L'héroïsme s'exprime d'abord par l'importance accordée à l'honneur. Ainsi, dans la scène 6 de l'acte II, la confrontation entre Adraste et Clindor est l'occasion d'une querelle d'honnêtes hommes soucieux de leur valeur : le terme d'« honneur » est utilisé par Clindor (v. 560) qui menace Adraste d'un éventuel duel car il ne peut supporter un « si cruel affront » (v. 563). Le monologue d'Isabelle (IV, 1) est le lieu d'un sursaut héroïque qui n'est pas sans rappeler les grandes héroïnes des tragédies ultérieures de Corneille : Camille dans *Horace* ou Émilie dans *Cinna*. La tirade d'Isabelle met en avant la valeur de son amour, celle de Clindor, et le devoir que lui impose cet amour. C'est l'honneur de son amant qui est en jeu :

> ISABELLE
> Qu'il eût valu bien mieux à ta valeur trompée
> Offrir ton estomac ouvert à son épée,
> Puisque loin de punir ceux qui t'ont attaqué,
> Les lois vont achever le coup qu'ils ont manqué !
> Tu fusses mort alors, mais sans **ignominie**,
> Ta mort n'eût point laissé ta mémoire ternie [...].
> (IV, 1, v. 997 à 1002)

L'emprisonnement et l'exécution de Clindor sur la place publique sont vécus ici comme d'irrémédiables attaques portées à l'honneur. Le terme d'« ignominie » est particulièrement éloquent de ce point de vue.

Comme le montre ce court extrait, l'héroïsme s'exprime surtout dans le registre tragique, qui se caractérise par plusieurs traits lexicaux et stylistiques. Outre la tragédie du dernier acte, Corneille choisit de condenser le tragique dans les monologues : ceux de Lyse (III, 6), d'Isabelle (IV, 1) et de Clindor (IV, 7).

Un registre tragique

Le premier indice tragique est donné par le niveau de langue plus soutenu. Le lexique devient plus complexe. Ainsi, chez Lyse et chez Isabelle, l'amour devient « sainte(s) ardeur(s) » (v. 817, v. 1018) ; le cœur est « enflammé » et l'amour « fatal » chez Isabelle (v. 1007 et 1009), les bourreaux de Clindor sont de « funestes ministres » (v. 1281), les décisions de la cour de justice deviennent des « mandements sinistres » (v. 1282)… L'expressivité du discours passe par l'utilisation massive d'images (métaphores* et comparaisons) :

> LYSE
> Ce long calme bientôt va tourner en **tempête**,
> Et **l'orage** est tout prêt à fondre sur ta tête […].
> (III, 6, v. 833-834)

La métaphore* filée de la tempête, empruntée au discours guerrier et épique, donne une grandeur tragique à la vengeance annoncée de Lyse, tandis qu'Isabelle désigne la justice sous son nom mythologique (« Thémis », v. 1005) ou que Clindor voit s'élever du sang de son rival ceux qui vont l'exécuter (IV, 7, v. 1265-1266). Le monologue de ce dernier est particulièrement riche en figures de style qui donnent une noblesse toute tragique à son discours : hyperbole, métonymie, parallélisme, antithèse et chiasme sont les signes d'un travail à la fois d'ornementation et d'expressivité de la langue et du registre tragique.

En choisissant le monologue, Corneille utilise l'outil dramaturgique le plus immédiatement tragique en ce qu'il est le lieu privilégié du débat intérieur. S'y expriment le déchirement et la résolution du héros confronté à une situation extrême. Les adresses successives du discours, les interrogatives, les exclamatives expriment, selon les cas, le désarroi, l'indignation ou la détermination du héros.

La tragédie du dernier acte condense tous ces effets, sans laisser de place aux ruptures de registre, systématiques dans les actes précédents. Valeurs héroïques et registre tragique désignent très clairement le genre de la tragédie, qui trouve son expression la plus achevée dans la violence des passions et la mort.

Corneille joue du registre tragique qu'il module dans les actes III et IV, avant de le mettre au service de la représentation du dernier acte et du genre tragique proprement dit. Le tragique apparaît donc à la fois comme une composante nécessaire de l'existence réelle et comme un signe théâtral.

▪ Le burlesque

Le registre comique se concentre dans le discours de Matamore. On y retrouve les traces du discours héroïque et galant, mais le personnage les discrédite. Ce décalage, qui dégrade le modèle imité et vide le discours de tout fondement, peut être dit burlesque. Le comique naît ainsi d'un jeu sur le langage.

Arrêtons-nous sur la scène 2 de l'acte II. Cette scène reprend le schéma traditionnel du duo comique entre le fanfaron et son valet parasite (ici Matamore et Clindor). La fuite finale de Matamore, à l'approche d'un danger, discrédite entièrement son discours en dénonçant son caractère. Ce discours se caractérise par son extrême construction et par ses traits héroïques : le récit de guerre est emprunté au modèle épique et mis au service de la « vertu », du « renom » et de la

« gloire ». Le discours amoureux est lui-même contaminé par le registre guerrier et l'histoire des amours de Matamore est ainsi pleine de conquêtes et de morts. Les multiples allusions mythologiques augmentent encore la noblesse des récits de Matamore, véritable demi-dieu. Mais l'ensemble de ce discours se révèle vide de sens sous l'effet dévastateur de l'hyperbole systématique qui dénonce la folie du personnage, en contaminant la construction argumentative de ses propos et en disqualifiant le discours héroïque. Le principe hyperbolique prend une dimension encore plus grande dans l'énumération, notamment dans la scène 4 de l'acte III, lorsque Matamore décrit à Clindor les effets de son épée :

> MATAMORE
> Oui, mais les feux qu'il jette en sortant de prison
> Auraient en un moment embrasé la maison,
> Dévoré tout à l'heure ardoises et gouttières,
> Faîtes, lattes, chevrons, montants, courbes, filières,
> Entretoises, sommiers, colonnes, soliveaux,
> Parnes, soles, appuis, jambages, traveteaux,
> Portes, grilles, verrous, serrures, tuiles, pierre,
> Plomb, fer, plâtre, ciment, peinture, marbre, verre,
> Caves, puits, cours, perrons, salles, chambres, greniers,
> Offices, cabinets, terrasses, escaliers [...].
> (III, 4, v. 747 à 756)

L'énumération hyperbolique fait perdre au discours son objectif persuasif pour le réduire à une suite comique de mots.

Être de langage, Matamore ne vit que dans les mots et dans l'illusion qu'ils lui permettent de créer. Son discours est une imitation hyperbolique et burlesque des discours héroïques et tragiques. Corneille parvient ainsi à créer une cohérence forte puisque le personnage, sans utilité dramatique*, tend en quelque sorte un miroir déformant aux autres registres en présence.

Ce jeu de reflet contribue à l'élaboration du motif structurant de la pièce : l'illusion.

5 - LE THÉÂTRE EN FÊTE

■ Le jeu des lieux et des temps

Corneille organise *L'Illusion comique* comme une démonstration des pouvoirs d'illusion du théâtre. Cette persuasion passe en grande partie par le plaisir du spectateur : plaisir de voir sur scène les genres à la mode, plaisir d'entendre des discours de natures diverses, plaisir de rire, plaisir de ressentir de la terreur ou de la pitié… Comme l'explique le critique Pierre Voltz :

> [Corneille] vise à faire naître le plaisir théâtral d'une *surprise* sans cesse renouvelée, due au développement fantaisiste de l'action, et capable de maintenir un esprit en éveil comme devant un jeu infiniment séduisant.

Pierre Voltz, *La Comédie*,
Armand Colin (p. 58), 1964.

L'action ménage de constantes surprises, jouant notamment des changements inopinés de genres ou de registres. Le dramaturge accentue encore ce plaisir en exploitant les possibilités techniques de la salle de théâtre. Il joue ainsi sur le lieu : la scène représente au début de la pièce les abords étranges et champêtres d'une grotte, puis la grotte elle-même dans laquelle Alcandre fait entrer Pridamant. Cet espace reste constamment présent, même lorsque l'action se déplace sur une place, dans une prison ou dans un jardin royal.

Le critique Robert Garapon s'est essayé à imaginer la première mise en scène de la pièce de Corneille :

> Au commencement de la pièce, le théâtre devait offrir aux regards des spectateurs : à une extrémité, la grotte

du magicien ; à l'autre extrémité, la prison de Clindor ; au centre, un rideau qui allait être tiré à la scène II du premier acte pour laisser voir, sur un fond de jardin, les habits des comédiens mis « en parade ». Au début du second acte, on devait descendre au centre une toile peinte représentant la maison de Géronte. Au début du cinquième, on relevait sans doute cette toile peinte, et l'on découvrait ainsi le fond de jardin où se déroulait la tragi-comédie ; puis, à la fin de la scène 5, on devait fermer le rideau qui avait déjà servi au premier acte, en se réservant de l'ouvrir et de le refermer au milieu de la scène suivante, pour montrer le partage de la recette. En somme, on peut penser qu'un dispositif scénique très simple suffisait aux nécessités du spectacle, les deux ailes du théâtre conservant toujours la même décoration et le centre étant fermé soit par un rideau pouvant coulisser, soit par une toile peinte qu'il était facile d'abaisser ou de remonter, soit enfin par un fond de jardin fixe.

Robert Garapon, édition critique
de *L'Illusion comique*, STFM, 1957.

Cette description montre à quel point la pièce nécessite, même de façon simple, la « machinerie » théâtrale. Les outils de l'illusion sont inscrits dans le texte même, qui s'amuse à multiplier les espaces tout en préservant une certaine unité de lieu puisque, en fait, tout se déroule dans la grotte d'Alcandre.

Cette parade théâtrale passe aussi par un jeu sur le temps. Corneille utilise l'unité temporelle de la pièce cadre pour mieux jouer de l'élasticité du temps dramatique*. Ainsi, Alcandre saute les premières années de l'errance de Clindor, condensées dans un récit ; dissocie deux instants simultanés à l'acte IV en nous faisant voir d'abord Isabelle, puis Clindor ; interrompt l'action en cours pour faire réapparaître Clindor deux ans plus tard… Le rythme de l'action, assez tranquille à l'acte II, s'accélère et se précipite à l'acte III, puis à l'acte IV.

Cette discontinuité révèle l'absolue maîtrise d'Alcandre-dramaturge, lui qui connaît le présent et l'avenir, sur le cours du temps.

Les mises en scène modernes ont mis en évidence ces jeux spatio-temporels. Le scénographe Giorgio Strehler crée un sol en miroir qui accentue l'illusion spatiale, tandis que Jean-Marie Villégier choisit de faire avancer le décor dans la salle pour mettre en évidence le brouillage des frontières entre le réel et le théâtral – il met encore davantage l'illusion en avant, en faisant tomber de la neige sur un arbre en fleur.

Les spectateurs sont ainsi conviés à admirer les pouvoirs d'illusion du théâtre, et invités à un certain émerveillement esthétique.

▪ Jeux dramaturgiques

Corneille dénonce la théâtralité des situations qu'il propose : ainsi, dans l'ouverture de la pièce, l'exposition* est prise en charge par un personnage qui devient un véritable présentateur (Dorante) ; les scènes de Matamore sont autant de variations sur un canevas comique bien connu ; dans la scène 2 de l'acte IV, Lyse met en scène l'idée qu'elle a trouvée pour sauver Clindor… Les exemples sont nombreux. Or, ce jeu est particulièrement perceptible dans l'utilisation que Corneille fait de deux outils dramaturgiques caractéristiques du genre dramatique* : le récit et le monologue.

Le récit

Dès le premier acte, l'exposition* laisse une grande place au récit qui apparaît à deux reprises : lorsque Pridamant raconte la fuite de son fils et sa propre errance (v. 19 à 46), puis lorsque Alcandre résume les premières années d'errance de Clindor (v. 163 à 207).

Les deux passages narratifs se font écho : une même période nous est présentée du point de vue du père, puis du point de vue du fils. L'évocation en images est ainsi précédée d'une évocation verbale qui prépare en quelque sorte le spectacle proposé par Alcandre.

L'acte II s'ouvre lui aussi sur du récit, mais il s'agit d'un récit fantasmé puisqu'il est écrit par Matamore. En effet, le capitaine fanfaron apparaît d'abord comme un créateur d'histoires : il vit dans des scénarios qu'il invente et par lesquels il se crée un passé mythique et héroïque, ou dans des scénarios hypothétiques qui le projettent dans le futur. Il raconte ainsi ses exploits guerriers ou amoureux :

> Écoute : en ce temps-là dont tantôt je parlois,
> Les Déesses aussi se rangeaient sous mes lois,
> Et je te veux conter une étrange aventure
> Qui jeta du désordre en toute la nature,
> Mais désordre aussi grand qu'on en voie arriver.
> (II, 2, v. 291 à 295)

Matamore est un conteur et constitue en ce sens un double possible d'Alcandre. Ses récits signalent le pouvoir d'illusion du langage. Corneille use de cette possibilité de créer de l'histoire et des histoires, pour jouer sur le réel, le possible et le rêvé.

Le monologue

L'autre outil dramaturgique pleinement exploité est le monologue. Les monologues de Lyse (III, 6), d'Isabelle (IV, 1) et de Clindor (IV, 7) créent des changements de registre et de genre, mais sont aussi les lieux d'une démonstration d'écriture dramatique* – moments attendus du public. Aussi Corneille rend-il chacun de ces moments exemplaire. Le monologue de Lyse est construit sur une adresse quasi constante à l'infidèle Clindor qui rend la parole vivante et illustre l'indignation de la servante face au crime d'inconstance. Le même système d'adresse est repris par Isabelle : elle parle à son amant emprisonné (v. 993 à 1016), avant de parler à son père (v. 1017 à 1030). Le monologue de Clindor est lui aussi exemplaire en ce qu'il est construit sur un outil rhétorique extrêmement puissant : l'hypotypose*. Ce procédé consiste à créer une image vivante, une véritable scène, par les mots. Clindor s'imagine ainsi sa propre exécution :

> […] Au milieu de la nuit et du temps du sommeil
> **Je vois** de mon trépas le honteux appareil ;
> J'en ai devant les yeux les funestes ministres ;
> On me lit du Sénat les mandements sinistres ;
> Je sors les fers aux pieds, j'entends déjà le bruit
> De l'amas insolent d'un peuple qui me suit ;
> **Je vois** le lieu fatal où ma mort se prépare ;
> Là, mon esprit se trouble et ma raison s'égare ;
> Je ne découvre rien propre à me secourir,
> Et la peur de la mort me fait déjà mourir !
> (IV, 7, v. 1279 à 1288)

L'anaphore de « Je vois », l'utilisation du présent de l'indicatif, l'accumulation des actions successives créent un véritable tableau vivant, image de l'angoisse qui assaille le héros. Ce monologue double le lieu scénique (la geôle) d'une autre scène (la mise à mort). La réalité se trouve une fois de plus dédoublée.

Corneille prouve, dans le récit et dans le monologue, sa grande maîtrise dramaturgique et démontre les possibilités de la parole dramatique*, tout en poursuivant le jeu sur les apparences.

■ Jeux de miroir et illusion

L'Illusion comique est une pièce construite comme une habile machine à illusions successives, emboîtées les unes dans les autres. La frontière entre le réel et le représenté est constamment brouillée : ainsi, dans l'évocation de l'histoire réelle de Clindor se multiplient les signes d'une théâtralité forte (dont Matamore est le parangon), alors que la représentation tragique du dernier acte est présentée comme la suite de l'histoire de Clindor et qu'aucun signe manifeste n'est donné d'un changement de niveau de réalité. Corneille crée même un effet de continuité qui renforce l'effet d'illusion puisque les riches vêtements qu'Alcandre fait apparaître au premier acte sont maintenant portés par les personnages.

Les effets de miroir et de double sont ainsi multipliés pour mieux plonger le spectateur dans l'illusion tout en lui en montrant les mécanismes. Le théâtre se met en scène lui-même. Le spectateur voit non seulement l'histoire de Pridamant et celle de Clindor, mais il a également sous les yeux les trois agents principaux du spectacle théâtral : l'auteur dramatique*, les comédiens et le spectateur lui-même. En effet, le mage Alcandre est un double de l'auteur, Clindor et les siens représentent les acteurs, et Pridamant est comme le miroir où le spectateur peut lire sur la scène ses propres réactions au spectacle qui lui est présenté. Alcandre et Pridamant, constamment présents sur scène, créent un effet permanent de réflexion : le théâtre se donne en spectacle, se renvoie à lui-même sa propre image, *se réfléchit*.

Dans le premier acte, tout est conçu pour mettre en place cette métaphore* structurante. La présentation d'Alcandre et du lieu dans lequel il vit fait écho au métier de dramaturge : profond psychologue, il vit retiré du monde, consacre sa vie au travail et peut donner à voir son savoir :

> ALCANDRE
> Par des **spectres** pareils à des corps animés,
> Il ne leur manquera ni geste, ni parole.
> (I, 2, v. 152-153)

Ces spectres sont les personnages que bientôt les comédiens animeront. La grotte obscure est une métaphore* de la salle de spectacle. Ensuite, Alcandre guide la représentation, puis la conclut en lui donnant une double signification : il confère une valeur morale au spectacle que Pridamant vient de voir, et le met au service d'une apologie du théâtre.

Les réactions de Pridamant expriment les effets de l'illusion théâtrale sur le spectateur, tantôt heureux, tantôt effrayé, mais toujours dans un état de tension extrême :

– à la fin de l'acte II (scène 9, v. 621) :

> ALCANDRE
> Le cœur vous bat un peu.
> PRIDAMANT
> Je crains cette menace.

– à la fin de l'acte III (scène 12, v. 977) :

> Hélas ! mon fils est mort ! [...]

– à la fin de l'acte IV (scène 10, v. 1331) :

> À la fin, je respire [...]

– au milieu de la scène 5 de l'acte V (v. 1700) :

> [...] Hélas ! il est perdu !

Corneille met ainsi en exergue le fonctionnement de la représentation théâtrale, le plaisir de la mystification et la force de l'illusion. En outre, il montre les effets salutaires de cette illusion qui convertit Pridamant. La vertu cathartique* du spectacle est exaltée : en voyant représenter les aventures de son fils, en éprouvant des émotions fortes, le père est libéré de ses mauvaises dispositions à l'égard de Clindor.

Corneille a beau multiplier les signes de la théâtralité, il parvient néanmoins à rendre l'illusion plus forte que cette théâtralité. À moins que ce ne soit le caractère outrancièrement théâtral de l'ensemble qui permette de faire jouer pleinement les pouvoirs d'illusion du dramaturge. Corneille est parvenu à construire un « étrange monstre », comme il le nomme lui-même : ce monstre frappe par sa modernité car il ne cesse de se dénoncer lui-même comme pure fantaisie théâtrale, tout en parvenant à entraîner le spectateur dans une émotion vraie.

3

THÈMES

1 - LA CONNAISSANCE DE SOI

La pièce de Corneille raconte l'histoire de personnages en quête de leur propre identité qui apprennent à se connaître eux-mêmes. La connaissance est l'un des thèmes centraux de *L'Illusion comique*, puisqu'il informe l'histoire elle-même : Pridamant apprend à connaître son fils qui finit par se connaître lui-même.

■ Un parcours initiatique

L'errance initiale

Les parcours de Clindor et de Pridamant s'ouvrent par une errance : un fils cherche sa voie tandis qu'un père cherche son fils. Cette errance est la conséquence d'une erreur et d'une méconnaissance. Pridamant chasse malgré lui son fils parce qu'il croit pouvoir réduire ses écarts de conduite en le contraignant :

> PRIDAMANT
> Sous ombre qu'il prenait un peu trop de licence
> Contre ses libertés je roidis ma puissance,
> Je croyais le réduire à force de punir,
> Et ma sévérité ne fit que le bannir.
> (I, 1, v. 25 à 28)

Pridamant est victime de son aveuglement qui le conduit à un déchirement intérieur et le met en contradiction avec lui-même (« Je l'outrageais présent et je pleurai sa fuite », dit-il dans la suite de sa tirade, au vers 30). Parti à la recherche de son fils, ses errances (« ces longues erreurs », v. 36) le mènent au désespoir.

De son côté, Clindor semble vivre dans une adolescence prolongée, c'est-à-dire dans une méconnaissance de lui-même qui le conduit à revêtir des masques et des identités successifs, et qui le condamne lui aussi à l'errance (I, 3, v. 163 à 200) : il va de ville en ville, en étant tour à tour médecin charlatan, diseur de bonne aventure, écrivain public, clerc de notaire, joueur de cartes et de dés, parolier de chansons populaires, auteur de romans… avant de finir valet de Matamore à Bordeaux. Mais Clindor continue à jouer des rôles et à revêtir des masques : menteur avec Matamore dont il suit complaisamment les délires, inconstant avec Isabelle qu'il semble pouvoir trahir avec sa suivante Lyse. Instable, il ne se connaît pas encore.

Cet état d'ignorance et d'errance constitue l'étape première nécessaire au développement du schéma initiatique. On pourrait aussi parler d'apprentissage, thème structurel de nombreuses intrigues romanesques. Mais les présences combinées de la magie et de la mort confèrent à cet apprentissage un caractère mystérieux et religieux, qui le rapproche de l'initiation au sens mystique. On parle en effet d'initiation pour désigner les cérémonies par lesquelles on était admis dans les religions anciennes à la connaissance de certains mystères. Le caractère sacré de l'expérience à laquelle est soumis Pridamant est d'ailleurs signalé par les mises en garde répétées d'Alcandre :

ALCANDRE
De ma grotte surtout ne sortez qu'après moi.
Sinon, vous êtes mort.
(II, 1, v. 216-217)

ALCANDRE
Mais, derechef, surtout n'ayez aucun effroi,
Et de ce lieu fatal ne sortez qu'après moi :
Je vous le dis encore, il y va de la vie.
(V, 1, v. 1347 à 1349)

Le mage insiste sur le danger que court l'initié s'il quitte son guide au milieu de la cérémonie. L'apprentissage va donc au-delà d'une simple éducation, s'apparentant à une expérience mystique. La présence de la mort comme étape fondamentale de cette expérience accentue cette caractéristique.

L'expérience de la mort

Pour le père comme pour le fils, c'est la confrontation avec la mort qui permet un éveil à soi-même et à l'autre.

Le monologue de Clindor à l'acte IV (scène 7) marque une étape décisive : seul, il doit faire face à une mort imminente et prend ainsi conscience de son identité et de l'amour qu'il éprouve pour Isabelle. C'est la fin de l'adolescence et le début de l'âge adulte. Le monologue reproduit à son échelle les étapes traditionnelles de l'initiation, au sens ancien et religieux :

– jeunesse d'un héros inexpérimenté et plongé dans l'ignorance ou la confusion ;

– retour à l'origine et réflexion sur soi-même : ici la solitude de la cellule ;

– mort purifiante : ici mort fantasmée par le héros dans un cauchemar éveillé ;

– remontée des Enfers après transformation ; Clindor est maintenant sûr de son amour pour Isabelle :

CLINDOR
Je vois le lieu fatal où ma mort se prépare ;
Là, mon esprit se trouble et ma raison s'égare ;
Je ne découvre rien propre à me secourir,
Et la peur de la mort me fait déjà mourir !
Isabelle, toi seule, en réveillant ma flamme,
Dissipes ces terreurs et rassures mon âme !
Aussitôt que je pense à tes divins attraits,
Je vois évanouir ces infâmes portraits ;
Quelques rudes assauts que le malheur me livre,
Garde mon souvenir, et je croirai **revivre**.
(IV, 7, v. 1285 à 1294)

À la vision terrible succède une vision apaisante qui fait renaître (« revivre ») Clindor. Ce parcours s'accompagne d'un rapport différent au réel. En effet, le monologue s'ouvre sur une certaine grandiloquence tragique et lyrique, qui rend suspecte la sincérité de Clindor lorsqu'il rappelle à sa mémoire ses « aimables souvenirs » (v. 1237) : au masque héroïque emprunté au début du monologue (« Isabelle, je meurs pour vous avoir servie », v. 1254) se substitue le langage simple du sentiment vrai. L'apprentissage est double : le jeune inconstant et inconséquent se transforme en homme adulte et en futur père, tandis qu'il apprend à distinguer apparence et réalité, vérité et faux-semblant. En ce sens, Clindor est prêt à devenir acteur, c'est-à-dire à jouer en toute conscience.

L'apprentissage de Pridamant passe lui aussi par la confrontation avec la mort, celle de son fils. En effet, la mort feinte de Clindor dans la tragédie de l'acte V semble être l'ultime étape de son initiation. Certes, Alcandre doit encore le persuader de la dignité du métier de comédien, mais le père a déjà retrouvé son fils et appris à le connaître véritablement, en même temps qu'il s'est lui-même redécouvert.

Alcandre : un initiateur

Alcandre est non seulement un double du dramaturge, mais aussi un philosophe qui conduit son disciple à la connaissance. Le texte ne cesse de caractériser le personnage dans ce sens : il est présenté comme un vieil ermite, qui connaît aussi bien les forces de la nature que le cœur des hommes, et qui passe ses journées, retiré du monde, à étudier. Sa grotte rappelle plusieurs lieux caractéristiques de l'initiation (de la grotte platonicienne à la chapelle). Le tout crée un mélange de religieux et de philosophique, éléments constitutifs de l'initiation.

Alcandre transforme Pridamant qui non seulement réapprend à connaître son fils, mais revient aussi sur ses certitudes de père bourgeois, en reconnaissant la dignité du métier de comédien. Or, cette éducation passe par un retour sur soi : Pridamant propose une sorte de maïeutique. La maïeutique désigne, dans la philosophie socratique, l'art de faire découvrir à son interlocuteur, par une série de questions, les vérités qu'il porte en lui. Ici, les questions sont remplacées par le spectacle des aventures de Clindor et c'est par l'émotion que s'opère la découverte de la vérité. Alcandre s'appuie sur les vertus cathartiques* du spectacle. La catharsis*, définie par Aristote dans la *Poétique*, désigne l'effet de la représentation dramatique* sur le spectateur : en donnant à voir les passions sur scène, le théâtre permet au spectateur de prendre conscience de ses propres passions et de s'en libérer. Les émotions puissantes qu'Alcandre soulève et apaise à son gré dans l'âme de Pridamant lui permettent de conduire peu à peu celui-ci vers sa décision finale : pardonner à son fils et le rejoindre. D'une part, Pridamant, en voyant l'obstination du père d'Isabelle conduire les deux jeunes gens au bord de la mort et les pousser à l'exil, reconsidère son rôle de père. D'autre part, il est persuadé, par ses propres émotions et par le discours final d'Alcandre (V, 6, v. 1781 à 1806), de la valeur de l'art dramatique*.

Le thème de l'apprentissage initiatique est donc inscrit non seulement dans l'action, mais aussi dans l'objectif démonstratif de *L'Illusion comique*. Il se décline dans les motifs de l'ignorance et de la vérité.

▪ Connais-toi toi-même

Le thème philosophique de la connaissance de soi est au cœur de la pièce. Nous assistons à l'initiation progressive, d'une âme aveuglée, à la vérité pénible qu'il lui faut reconnaître pour se réconcilier avec elle-même et avec les autres. Pridamant découvre que l'amour qu'il porte à son fils est plus fort que ses préjugés ridicules : son repentir initial n'est pas suffisant, il doit apprendre à renoncer à son amour-propre qui peut encore l'empêcher de connaître et d'accepter Clindor tel qu'il est. C'est tout le travail d'Alcandre. Clindor lui aussi, comme on l'a vu, apprend à se connaître lui-même : dans l'amour qu'il porte à Isabelle, seul point fixe face à la mort, il trouve sa propre identité. Mais ce parcours est aussi celui des deux personnages féminins : Lyse et Isabelle.

Lyse apparaît d'abord comme une servante et une rivale que la jalousie pousse à la trahison. Victime de sa passion amoureuse, elle choisit de se venger. Mais, face aux conséquences tragiques de son acte, elle renonce à son amour et découvre sa nature généreuse :

> LYSE
> Ton sort trop rigoureux m'a fait changer d'envie ;
> Je te veux assurer tes plaisirs et ta vie,
> Et mon amour éteint, te voyant en danger,
> Renaît pour m'avertir que c'est trop me venger.
> (III, 4, v. 1149 à 1152)

Dès lors, Lyse met ses qualités et sa ruse au service du bonheur d'Isabelle et de Clindor.

Isabelle semble d'emblée plus déterminée et plus sûre d'elle-même et de ses désirs : elle ne cède pas aux galanteries d'Adraste ou à l'autorité paternelle, reconnaît immédiatement la force de son amour pour Clindor. Mais, elle aussi, avance vers une plus grande connaissance d'elle-même : les épreuves qu'elle rencontre la confirment dans son choix et augmentent encore sa détermination.

Clindor, Isabelle et Lyse deviennent comédiens. Leur sens du jeu devient un art : la connaissance qu'ils acquièrent leur permet de trouver une identité stable, tout en continuant à porter des masques. Corneille démontre que le métier de comédien est, lui aussi, un long apprentissage. Le « connais-toi toi-même » socratique sert de fondement à l'art dramatique* – ultime façon de prouver la noblesse de cet art.

2 - L'AMOUR

L'Illusion comique présente toutes les facettes de l'amour. Au niveau de la pièce cadre : l'amour paternel ; au second niveau : l'amour absolu et aveugle d'Isabelle, l'amour volage et inconstant de Clindor, l'amour importun d'Adraste, l'amour jaloux de Lyse ; au troisième niveau : la passion forcenée de Rosine. En outre, l'amour constitue le moteur de l'action, aussi bien dans les aventures de Clindor que dans la tragédie finale. Cette quasi exhaustivité des formes de l'amour accentue la valeur allégorique de la pièce comme métaphore* de la vie humaine.

■ Les amours contrariées

Autorité paternelle et différence sociale

On retrouve un schéma classique de comédie, avec le thème de l'amour empêché par l'autorité paternelle et celui du mariage forcé. L'hostilité des pères aux amours des enfants est déjà présente dans les comédies grecques et latines ; on la retrouve dans les intrigues de la comédie à l'italienne, puis chez Molière, mais aussi dans nombre de tragédies et tragi-comédies*.

La présence de ce motif est liée à un contexte juridique, politique et religieux. L'autorité des pères est en effet réaffirmée par les institutions politiques et religieuses, puisqu'elle est l'image même du pouvoir du souverain, lequel renvoie à la puissance de Dieu :

> GÉRONTE
> Qu'à présent la jeunesse a d'étranges manies !
> Les règles du devoir lui sont des tyrannies,
> Et les **droits les plus saints** deviennent impuissants
> À l'empêcher de courre après son propre sens.
> (III, 2, v. 673 à 676)

L'expression « droits les plus saints » rend bien compte du fondement religieux d'une telle autorité. Les enfants ne disposent pas d'eux-mêmes et encore moins les filles qui, une fois mariées, trouvent souvent chez leur mari une réplique de l'autorité paternelle :

> GÉRONTE
> Après tout, je le veux, cédez à ma puissance.
>
> ISABELLE
> Faites un autre essai de mon obéissance.
>
> GÉRONTE
> Ne me répliquez plus, quand j'ai dit : Je le veux.
> Rentrez, c'est désormais trop contesté nous deux.
> (III, 1, v. 669 à 672)

Le monde de la comédie remet en question la toute-puissance du père sur ses enfants et ses conséquences sur la nature même du mariage. L'opposition de Géronte au désir de sa fille révèle les vraies valeurs qui président au choix d'un mari. Pour Géronte, Adraste représente le seul parti acceptable, dans la mesure où Matamore est un fou et Clindor un valet. Il ne peut comprendre l'obstination de sa fille :

> GÉRONTE
> Je connais votre bien beaucoup mieux que vous-même.
> Orgueilleuse, il vous faut, je pense, un diadème !
> Et ce jeune baron, avecque tout son bien,
> Passe encore chez vous pour un homme de rien !
> Que lui manque après tout ? Bien fait de corps et d'âme,
> Noble, courageux, riche, adroit et plein de flamme,
> Il vous fait trop d'honneur.
> (III, 1, v. 629 à 635)

Le mariage n'est pas lié à l'amour : il n'est envisagé que socialement. Ce n'est pas le sentiment, mais « la raison » (v. 628), la « prudence » (v. 682) et le sens de l'intérêt qui doivent présider au choix. L'opposition de Géronte est d'autant plus fondée que Clindor se présente comme un valet. Or, il est impossible d'aimer en dessous de sa condition. C'est pourquoi il est étonnant de voir Isabelle mettre l'amour au-dessus de toute considération sociale. Elle affirme ainsi à Clindor (II, 5) que rien ne pourra la faire renoncer à son amour et qu'aucune considération matérielle ne pourra venir souiller la pureté du sentiment qu'elle éprouve :

> ISABELLE
> Je sais bien que mon père a d'autres sentiments,
> Et mettra de l'obstacle à nos contentements :
> Mais l'amour sur mon cœur a pris trop de puissance
> Pour écouter encor les lois de la naissance.
> Mon père peut beaucoup, mais bien moins que ma foi :
> Il a choisi pour lui, je veux choisir pour moi.
> (II, 5, v. 511 à 516)

L'opposition d'Isabelle est d'autant plus exemplaire qu'il ne s'agit pas seulement de refuser le mari que lui propose son père et de vouloir ainsi disposer d'elle-même, mais aussi d'épouser un valet. La chose est extrêmement étonnante. Même les personnages de Marivaux, au siècle suivant, ne sauraient aimer hors de leur classe, si ce n'est dans un monde inspiré de la pastorale* où un prince peut bien épouser une bergère (*La Double Inconstance*, 1723). L'improbabilité d'une telle position est atténuée par le respect des bienséances pour le spectateur : en effet, celui-ci connaît la véritable condition de Clindor, fils de gentilhomme. Isabelle peut aussi le deviner puisque Lyse semble être au courant de ses véritables origines (II, 7) et qu'Adraste lui-même doute de la condition du jeune homme (« Pour être son valet je vous trouve honnête homme », lui dit-il au vers 538). En outre, la reconnaissance finale, que permettent les retrouvailles du père avec son fils, assure le retour à la norme sociale, comme dans toute bonne intrigue de comédie.

Jalousie et vengeance

Autre grand motif des amours contrariées : l'amour non partagé. C'est un motif galant qui nourrit la plupart des intrigues de comédie, de tragi-comédie*, de pastorale* et même de tragédie. C'est la bergère Sylvie qui repousse l'amour du berger Philène dans la tragi-comédie* pastorale de Jean Mairet (*La Sylvie*, 1626) ; c'est Doraste repoussé par Angélique dans *La Place royale* de Corneille (1634) ; c'est l'Arnolphe de *L'École des femmes* de Molière (1662) qu'Agnès n'aime pas du même amour. Mais ce sont aussi bon nombre de personnages tragiques postérieurs et qui peuplent l'œuvre de Racine : Hermione amoureuse de Pyrrhus dans *Andromaque* (1667) ou Antiochus repoussé par Bérénice dans *Bérénice* (1670).

Adraste aime Isabelle qui ne l'aime pas, Lyse aime Clindor qui ne l'aime pas. Cette absence de réciprocité conduit au drame parce qu'elle réveille le sentiment d'amour-propre qui conduit à la vengeance. C'est l'honneur qui entre alors en jeu : Adraste ne peut supporter de voir un valet sans qualité devenir son rival. Il reproche son choix à Isabelle :

ADRASTE
Trop ingrate beauté, déloyale, insensée,
Tu m'oses donc ainsi préférer un maraud ?
(II, 7, v. 582-583)

Lyse, quant à elle, veut se venger des prétentions de Clindor qui dédaigne ses charmes par intérêt et qui lui propose le déshonneur d'une relation adultère :

LYSE
Qui hait ma sainte ardeur m'aime dans l'infamie,
Me dédaigne pour femme, et me veut pour amie !
Perfide, qu'as-tu vu dedans mes actions
Qui te dût enhardir à ces prétentions ?
Qui t'a fait m'estimer digne d'être abusée,
Et juger mon honneur une conquête aisée ?
(III, 6, v. 817 à 822)

On voit ici de quelle façon le lexique de l'honneur se mêle au lexique amoureux. On assiste dès lors au débat classique de l'amour et de l'honneur, présent dans la littérature romanesque, mais aussi et surtout dans le monde de la tragi-comédie* et de la tragédie. La représentation tragique de l'acte V propose d'ailleurs une reprise de ce schéma esquissé dans la vie réelle de Clindor. Le personnage que joue Isabelle (Hippolyte) veut confondre son époux infidèle :

ISABELLE
Je dissimulerai son adultère flamme !
Une autre aura son cœur, et moi le nom de femme !
Sans crime d'un Hymen peut-il rompre la loi ?
Et ne rougit-il point d'avoir si peu de foi ?
(V, 2, v. 1369 à 1372)

S'ouvre alors un grand débat (V, 3) entre Isabelle (Hippolyte) et Clindor (Théagène). Isabelle parvient à faire renoncer Clindor au plaisir sensuel et le ramène à la constance d'un « cœur, inexpugnable [...] » (v. 1583). Lorsque Rosine arrive, il tente de la convaincre en lui montrant ce qu'il doit à son prince et ce qu'elle doit à son époux ; mais Rosine est aveuglée par la puissance de sa passion : elle ne voit pas le déshonneur de l'infidélité, mais le déshonneur d'être repoussée après avoir cédé. L'infidélité amoureuse les conduit finalement à la mort, sur ordre du prince qui se venge ainsi du déshonneur qu'il a subi.

L'amour constitue donc un des enjeux majeurs de l'action dans *L'Illusion comique* : il permet une variation de l'intrigue autour des conflits du cœur, de la raison et de l'honneur, selon des registres différents.

■ L'amour sous toutes ses formes

L'amour sensuel

L'amour apparaît à plusieurs reprises comme un pur divertissement de l'esprit et des sens. Les premières comédies de Corneille traitent déjà l'amour de cette manière et sont peuplées de jeunes gens partisans du plaisir et de l'inconstance. Ces « esprits forts » représentent sans doute un « type d'époque », incarnation d'une jeunesse tapageuse, irrespectueuse des codes comme des croyances de la société – dont Alidor, le héros de *La Place royale* (1634), est une expression possible. Comédies, pastorales* et tragi-comédies* des années 1630 offrent ainsi une galerie de types assez remarquables : coquettes et belles infidèles, inconstants et indifférents.

L'Illusion comique s'inspire largement de cette vogue. Le jeune Clindor, ou le Clindor inconstant de la tragédie du cinquième acte (Théagène), se fait le porte-parole de cette conception galante et libertine du sentiment amoureux. Ainsi, à la scène 5 de l'acte III, il séduit Lyse après avoir déclaré à Isabelle qu'il n'a plus « de cœur ni d'âme que pour elle » (II, 5, v. 486). Il devient alors l'avocat de l'infidélité :

> CLINDOR
> L'amour et l'Hyménée ont diverse méthode :
> L'un court au plus aimable, et l'autre au plus **commode**.
> Je suis dans la misère, et tu n'as point de bien ;
> Un rien s'assemble mal avec un autre rien.
> Mais si tu ménageais ma flamme avec adresse,
> Une femme est sujette, une amante est **maîtresse**.
> Les plaisirs sont plus grands à se voir moins souvent ;
> La femme les achète, et l'amante les vend ;
> Un amour par **devoir** bien aisément s'altère ;
> Les nœuds en sont plus forts quand il est volontaire ;
> Il hait toute contrainte, et son plus doux appas
> Se goûte quand on aime et qu'on peut n'aimer pas.
> (III, 5, v. 789 à 800)

Clindor justifie l'adultère par la nature même de l'amour, qu'il distingue du sentiment contraint, imposé par le mariage et guidé par l'intérêt (« commode ») et le « devoir ». Selon lui, l'amour véritable ne peut être que libre. Son argumentation emprunte deux chemins conjoints qui passent par la flatterie. D'une part, il fait valoir à Lyse la supériorité sentimentale qu'elle aura sur Isabelle : ce sera elle la véritable « maîtresse » du cœur de Clindor. D'autre part, il essaie de la convaincre qu'elle sera ainsi assurée d'être aimée pour elle-même. Assez habilement, il lui propose de renverser les rôles : alors qu'elle se croit méprisée parce qu'elle est une servante, il lui propose de devenir la maîtresse. Son discours est teinté d'un certain cynisme, notamment lorsqu'il justifie son mariage par l'intérêt. Clindor prend les traits d'un libertin dans cette tentative de persuasion : il met en place une casuistique amoureuse, c'est-à-dire un raisonnement qui tente de justifier par de mauvaises raisons un manquement à la morale ou à l'honneur. Cette habileté rhétorique annonce l'un des traits les plus puissants du libertin. On pense notamment à Dom Juan qui n'a en vue que son propre plaisir, sans souci de l'honneur ni de l'autre.

Ce motif réapparaît dans le discours sur l'inconstance du dernier acte : le fond argumentatif est assez proche, mais il emprunte des détours rhétoriques qui le rendent plus noble. Clindor (Théagène) y distingue l'amour sensuel de l'amour pur ; il justifie l'inconstance par son peu de conséquence et la nécessité d'obéir à la force de la pulsion amoureuse qui dérègle les sens (v. 1501). C'est finalement l'argument classique de la Nature qui sert de fondement à son argumentation : l'inconstance est naturelle et l'homme doit donc s'y soumettre. Il insiste sur le caractère éphémère de cet amour qui « meurt dans la jouissance » (v. 1502) et qu'il oppose à la pérennité de la foi jurée :

> CLINDOR
> C'est un feu que le temps pourra seul modérer ;
> C'est un torrent qui passe, et ne saurait durer.
> (V, 3, v. 1547-1548)

L'inconstance apparaît comme une nécessité naturelle, un dérèglement des sens, une « brutale ardeur » (v. 1576) contre laquelle l'homme ne peut lutter. Mais la pièce ne cesse de montrer les conséquences tragiques de cette légèreté : emprisonnement, péril de mort, exil aux actes III et IV, et naissance d'une passion destructrice à l'acte V (Rosine reproche à Clindor-Théagène d'avoir fait naître son amour).

Ces distinctions subtiles et ces développements discursifs sur la nature de l'amour sont les signes d'un traitement galant du thème, tel que l'ont développé le roman, la pastorale* et le discours précieux.

La passion aveuglante

Divertissements des sens sans conséquence amoureuse, l'inconstance et l'infidélité peuvent être aussi les signes d'une passion dévastatrice, autre variation sur le thème. L'amour apparaît dès lors dans toute sa fureur et sa dimension tragique. Il n'est pas étonnant que Rosine fasse référence à Phèdre lorsqu'elle menace Clindor (Théagène) de mentir à son mari pour se venger :

> ROSINE
> Je sais trop les moyens d'une vengeance aisée :
> Phèdre contre Hippolyte aveugle bien Thésée,
> Et ma plainte armera plus de sévérité
> Avec moins d'injustice et plus de vérité.
> (V, 4, v. 1657 à 1660)

La figure mythologique vient soutenir le caractère fatal de la passion amoureuse qui met à bas la raison, le sens de l'honneur et du devoir (la passion mène Phèdre à un amour incestueux). Là où Clindor cède à un désir passager, Rosine fait don de toute sa personne, victime d'un amour irraisonné et irraisonnable qui conduit à la violence la plus absolue et à la perte de toute maîtrise. Même l'éventualité de la mort ne peut venir contraindre cette passion :

> ROSINE
> De tous ces accidents rien ne peut m'alarmer,
> Je consens de périr à force de t'aimer.
> Bien que notre commerce aux yeux de tous se cache,
> Qu'il vienne en évidence et qu'un mari le sache,
> Que je demeure en butte à ses ressentiments,
> Que sa fureur me livre à de nouveaux tourments,
> J'en souffrirai plutôt l'infamie éternelle
> Que de me repentir d'une flamme si belle.
> (V, 4, v. 1691 à 1698)

L'amour devient fureur tragique.

L'amour pur et absolu

Le sentiment qu'éprouve Isabelle est celui de l'amour idéal, qui réunit la force de la passion et la raison. L'amour la rend clairvoyante et déterminée : « Je me connais aimable » (v. 352), « Je ne déguise rien de ce que j'ai dans l'âme » (v. 358). Elle se défie des discours suborneurs des galants (II, 5), elle s'oppose à la volonté de son père (III, 1), elle est prête à suivre son amant dans la mort, avant de l'aider à prendre la fuite. Elle conçoit l'amour comme une évidence simple et un engagement absolu :

> ISABELLE
> C'est comme il faut choisir, et l'amour véritable
> S'attache seulement à ce qu'il voit d'aimable ;
> Qui regarde les biens, ou la condition,
> N'a qu'un amour avare ou plein d'ambition,
> Et souille lâchement par ce mélange infâme
> Les plus nobles désirs qu'enfante une belle âme.
> (II, 5, v. 505 à 510)

Le sentiment amoureux, chez Isabelle, est un sentiment pur, qui unit les âmes. Cet idéal, joint à une étonnante fermeté d'âme, se trouve chez de nombreuses héroïnes cornéliennes, que ce soit l'Angélique de *La Place royale* (1634) ou la Camille d'*Horace* (1640). Sa vision spirituelle de l'amour peut lui faire envisager le suicide comme la seule issue possible à la mort de son amant, et le sacrifice de soi comme la conséquence naturelle de l'amour. Ainsi, à l'acte V, Isabelle (Hippolyte) n'apparaît pas comme une femme trahie avide de vengeance, mais comme une amoureuse qui tient plus à sauver son amant que son propre honneur. Cet amour se caractérise donc par sa noblesse et sa générosité. Les devoirs et les sacrifices qu'il impose lui confèrent une dimension héroïque.

La pièce *L'Illusion comique* propose donc une variation sur l'amour dont elle décline les discours et les intrigues pour le lier au motif global de l'illusion.

■ Amour et illusion

Corneille reprend à son compte une thématique traditionnelle : celle de l'amour perçu comme le plus grand pourvoyeur d'illusions, ou de l'amour comme illusion. Il est donc logique que l'amour apparaisse comme le thème central de *L'Illusion comique*.

L'ère baroque a souvent fait du sentiment amoureux un aveuglement : l'amoureux est celui qui vit dans une fausse réalité, qui se méprend sur l'autre et sur lui-même. Mais c'est surtout la réalité même de ce sentiment qui est remise en question, d'où l'importance du motif de l'inconstance. Le cœur est le domaine du mouvant et de l'instabilité. Les premières comédies de Corneille ne cessent de le montrer, comme l'analyse le critique Jean Rousset :

> À structure baroque, âme baroque : toutes les comédies de Corneille tournent autour d'un thème central : l'inconstance, le « change ». Des âmes flottantes, des esprits fluides, qui donnent le spectacle d'un incessant va-et-vient ; fidèles ou infidèles, tous changent ou rêvent de changer ou feignent de changer.
>
> Jean Rousset, *La Littérature de l'âge baroque en France*, éd. José Corti (p. 205-206), 1954.

Les couples se font et se défont dans une instabilité continuelle. Ce sont là les illusions de l'amour : Clindor est l'héritier direct de ces héros. Les illusions du cœur sont multiples : Lyse qui s'est cru aimée de Clindor, Isabelle qui croit en un amour immuable alors que Clindor est encore en train de séduire Lyse… La tragédie du cinquième acte traite aussi du même thème, mais sur un registre différent : Rosine s'aveugle dans un amour qu'elle croyait inaltérable chez Clindor (Théagène), tandis qu'Isabelle (Hippolyte) découvre la perfidie de celui dont elle croyait la foi immuable.

L'amour crée des illusions, il est trompeur. C'est ce postulat qui justifie d'ailleurs l'inconstance acharnée des personnages dans les premières comédies de Corneille : puisque l'amour est une illusion nécessaire, autant jouer de cette illusion.

Mais *L'Illusion comique* n'en reste pas à cette confusion des sentiments : l'amour apparaît aussi comme source de stabilité et de connaissance. C'est le cas pour Isabelle, puis pour Clindor. Se dessine alors l'idée d'un amour authentique, force de détermination et de persévérance, comme semble le définir Corneille lui-même dans la dédicace de *La Place royale* (1634) :

> C'est de vous que j'ai appris que l'Amour d'un honnête homme doit être toujours volontaire, qu'on ne doit jamais aimer en un point qu'on ne puisse n'aimer pas ; que si on en vient jusque-là, c'est une tyrannie dont il faut secouer le joug, et qu'enfin la personne aimée nous a beaucoup plus d'obligation de notre Amour, alors qu'elle est toujours l'effet de notre choix, et de son mérite, que quand elle vient d'une inclination aveugle, et forcée par quelque ascendant de naissance à qui nous ne pouvons résister.

Il s'agit sans doute d'un idéal que Corneille parviendra à mettre en œuvre dans ses tragédies, dans lesquelles le héros reste fidèle à son amour comme à son devoir. Mais l'amour d'Isabelle n'est pas à l'abri d'une nouvelle tromperie, et il est possible qu'elle s'illusionne sur l'amour de Clindor. Cette possibilité est rejetée dans le monde du théâtre, puisqu'elle n'apparaît que dans la tragédie représentée du cinquième acte, mais elle existe pourtant bien. La jeune Angélique de *La Place royale*, très proche de l'héroïne de *L'Illusion comique*, n'est-elle pas victime de son amour pour l'inconstant Alidor ?

ANGÉLIQUE
Mes feux, il est donc vrai que l'on vous a trahis,
Et ceux dont Alidor paraissait l'âme atteinte
Ne sont plus que fumée, ou n'étaient qu'une feinte !
Que la foi des Amants est un gage pipeur !
Que leurs serments sont vains, et notre espoir [trompeur !
Qu'on est peu dans leur cœur pour être dans leur [bouche !
Et que malaisément on sait ce qui les touche [...].
(II, 1 v. 336 à 342)

Corneille, *La Place royale.*

Ces vers d'Angélique auraient pu être prononcés par Isabelle, mais Corneille a préféré finir sa pièce sur une stabilité retrouvée et un amour qui semble pouvoir durer.

L'amour apparaît donc comme une déclinaison du thème de l'illusion, sous les motifs baroques de l'inconstance, de la tromperie et de l'aveuglement.

3 - L'ILLUSION

L'illusion constitue l'enjeu thématique le plus fort de *L'Illusion comique* et réunit de nombreux motifs. Le titre choisi par Corneille en 1660, *L'Illusion*, met en évidence la portée universelle de sa pièce. La thématique de l'illusion et du faux-semblant dépasse le cadre du théâtre pour proposer une réflexion sur la vie comme permanente illusion.

■ L'être et le paraître

Entre rêve et réalité

Quelle place occupe la vie réelle dans *L'Illusion comique*? Elle est présente dans les niveaux 1 et 2 de la structure dramatique* (voir pages 31 et 32 de ce présent ouvrage). D'emblée, cette structure crée des niveaux de réalité différents, puisque les aventures non fictionnelles de Clindor apparaissent dans le cadre d'une évocation magique. Or, ce cadre peut mettre en doute la véracité de cette réalité : Alcandre, maître du temps et de l'espace, ne pourrait-il pas créer de toutes pièces cette réalité ? Pridamant n'est-il pas en train de rêver ?

Le premier niveau de réalité est lui-même marqué par l'incertitude. Ainsi, dans la présentation qu'en donne Dorante dans la première scène de la pièce, les premiers motifs de l'illusion se mettent déjà en place : le palais d'Alcandre est une grotte, entourée d'une nuit artificielle que ne peuvent dissiper que les « rayons d'un faux jour » (v. 4). L'entrée béante est en fait « un mur invisible » (v. 9) qui arrête et tue quiconque s'en approche. Alcandre vit donc dans une réalité où les apparences sont souvent trompeuses. Lui-même a plus de cent ans, mais a gardé l'agilité et la force de la jeunesse :

> DORANTE
> Son corps malgré son âge a les forces robustes,
> Le mouvement facile et les démarches justes [...].
> (I, 1, v. 86-87)

Le réel apparaît donc d'emblée comme incertain. Mais cette incertitude est encore accentuée dans le niveau 2 de réalité, puisque Clindor et ses partenaires n'y apparaissent pas réellement : ils ne sont que « des spectres pareils à des corps animés » (v. 152), des « spectres parlants » (v. 212), des « fantômes vains » (v. 218), c'est-à-dire des images sans consistance réelle. Pridamant assiste ainsi à une « illusion ». Cependant, cette illusion est si vraie qu'il s'y laisse prendre. En outre, elle représente des événements qui sont censés s'être réellement passés.

Les choses se compliquent encore à l'acte V : ce qui est maintenant représenté n'est plus réel, mais fictif puisqu'il s'agit de la représentation d'une tragédie. Pourtant, rien ne semble devoir dénoncer le caractère fictif de ce nouvel épisode de la vie de Clindor : les héros semblent confrontés aux mêmes questions, leur histoire semble conforme à celle qui précède… Tout semble réel, mais rien ne l'est, et les morts peuvent se relever sans peine. La réalité théâtrale a autant de consistance que le réel.

Corneille brouille constamment les frontières entre le réel et l'irréel, le vrai et le fictif – frontières que l'ère baroque ne cesse de faire varier : puis-je être sûr de la réalité qui m'entoure ? C'est d'ailleurs la question que se pose Sigismond dans la pièce du dramaturge espagnol Calderón, *La vie est un songe* (1633) :

> Qu'est-ce que la vie ? Un délire
> Qu'est-ce donc la vie ? Une illusion,
> Une ombre, une fiction ;
> Le plus grand bien est peu de chose,
> Car toute la vie n'est qu'un songe
> Et les songes ne sont rien d'autres que des songes.
> (deuxième journée, scène 19)

Calderón, *La vie est un songe*, traduit de l'espagnol par Bernard Sesé, éd. Aubier-Flammarion, 1976.

La vie, dans *L'Illusion comique*, est traitée comme une illusion, une ombre, une fiction, puisqu'elle naît des pouvoirs évocatoires d'Alcandre. La thématique est très proche de celle de la pièce espagnole, mais Corneille en déplace quelque peu les enjeux idéologiques : loin de dresser un constat pessimiste qui rappellerait à l'homme sa condition misérable, il choisit un traitement ludique du thème et met en scène une illusion positive.

Les inconstances de la Fortune

L'illusion et l'incertitude ont pour corollaires l'inconstance et le changement. Ainsi, une situation est toujours susceptible d'évoluer dans un sens inattendu. L'homme ne peut jamais être certain de son sort, comme le dit Alcandre à l'acte V :

> Ainsi de notre espoir la fortune se joue ;
> Tout s'élève ou s'abaisse au branle de sa roue,
> Et son ordre inégal qui régit l'univers
> Au milieu du bonheur a ses plus grands revers.
> (V, 6, v. 1725 à 1728)

La pièce ne cesse de multiplier les accidents imprévus. Le mélange des registres et des genres en est l'expression la plus évidente. À la légèreté la plus absolue peut succéder la gravité la plus noire. Ainsi, à l'acte III, le jeu amoureux de Clindor auprès de Lyse a pour conséquence la colère de celle-ci : elle annonce sa vengeance, avant que n'apparaisse Matamore qui redonne un caractère léger et farcesque à la situation. Mais l'acte se finit dans le sang : Adraste est tué et Clindor blessé. Isabelle semble alors se résoudre à la mort, car aucun espoir ne vient l'apaiser (IV, 1), lorsque Lyse apparaît pour lui révéler l'évasion possible de Clindor. Les personnages passent ainsi de l'espoir au désespoir, de la gaieté à la tristesse. Le critique Jean Rousset fait de cette inconstance de la Fortune l'un des traits les plus caractéristiques, non seulement de la tragi-comédie*, mais aussi de la pensée baroque :

> Aussi le héros n'est-il ici ni Œdipe ni Ulysse, ni écrasé ni triomphant, mais jouet lancé et relancé par une main insaisissable et toujours changeante ; il va de surprise en surprise, toujours étonné, à travers les revirements et les incertitudes, dans un monde qui n'est jamais ce qu'il paraît : le bonheur cache un piège comme le cercueil couvre un vivant et l'espoir un malheur.

Jean Rousset, *La Littérature de l'âge baroque en France*, éd. José Corti (p. 59), 1954.

Tout semble toujours possible et le changement est constant, non seulement parce que la Fortune reste insondable, mais aussi parce que les hommes sont eux-mêmes changeants et versatiles. Ainsi Lyse peut-elle passer de la sourde colère à la générosité.

La métamorphose ou le jeu des identités

Les personnages changent de visage. Clindor offre l'exemple le plus frappant de cette capacité de métamorphose : il ne cesse de revêtir des masques différents et de jouer des rôles successifs. La première présentation qu'en fait Alcandre à l'acte I nous donne déjà l'image d'un individu aux vies multiples, qui remplit plusieurs fonctions, exerce plusieurs métiers. Lorsqu'il apparaît, il joue parfaitement son rôle de domestique parasite, empressé et hypocrite, pour devenir ensuite un jeune galant qui offre son cœur à Isabelle. Mais il tente ensuite de séduire Lyse… Son identité elle-même est trouble, puisqu'il a dû changer de nom et se faire passer pour un autre. Jusqu'à son emprisonnement, il ne cessera de changer de masque et de se métamorphoser. Sa vie ressemble à un jeu perpétuel.

De même, l'identité de Lyse est extrêmement instable : confidente ou rivale, soubrette de comédie ou amoureuse tragique, il est difficile de la cerner. Elle aussi se caractérise par ses métamorphoses successives et sa capacité à jouer : elle peut feindre l'amour pour permettre l'évasion de Clindor, et révèle ses talents de comédienne et de metteur en scène. Elle construit un véritable scénario pour se faire aimer et mettre ainsi le geôlier à ses ordres (IV, 2, v. 1077 à 1124). La métamorphose finale, métamorphose théâtrale, condense toutes les autres et devient métaphore*, celle du théâtre du monde ou du monde comme théâtre.

Le théâtre du monde

Issue de l'Antiquité, l'image du monde comme théâtre est vite devenue un *topos* philosophique et littéraire. Elle traverse la pensée humaniste et renaissante, puis la pensée baroque.

> Le monde est un théâtre et les hommes acteurs,
> La fortune qui est maîtresse de la scène
> Apprête les habits, et de la vie humaine
> Les cieux et les destins en sont les spectateurs.

Ces vers de Ronsard (1524-1585), extraits d'un épilogue écrit pour une comédie, résument parfaitement la signification de la métaphore* : Dieu, spectateur et juge, est aussi auteur et metteur en scène ; chaque homme doit jouer un rôle qu'il n'a pas choisi et la puissance dont il lui arrive d'être revêtu ne lui appartient pas – les revers de fortune et la mort pouvant à tout moment retirer aux uns et aux autres ce qu'ils ont reçu.

L'Illusion comique propose en quelque sorte une relecture de cette métaphore* : les individus y sont soumis aux inconstances de la Fortune et jouent des rôles successifs. Mais, paradoxalement, c'est par le théâtre que l'identité véritable pourra être trouvée, dès lors que la métamorphose devient consciente. Corneille renverse la métaphore* initiale : c'est le théâtre qui devient un monde aux multiples facettes et aux possibilités infinies.

■ Langage et illusion

L'Illusion comique fait du langage l'une des sources de l'illusion : non seulement il peut servir à tromper et à mentir, mais en outre il peut donner naissance à une autre réalité.

Langage et sincérité

Les mots peuvent tromper. L'homme peut ainsi mentir à l'autre et se mentir à lui-même. C'est sur le langage amoureux que pèse le soupçon le plus grand. « Épargnez ces propos superflus », déclare Isabelle à Clindor (II, 5, v. 487) lorsqu'il veut lui faire une déclaration en style galant. La sincérité de la parole amoureuse est toujours problématique car l'amour semblerait pouvoir se passer de mots.

Isabelle refuse à Adraste le plaisir d'entrer dans les finesses de la rhétorique amoureuse ; elle lui reproche son manque de naturel et sa manie de ne pas faire correspondre le mot à la chose :

ADRASTE
Vous ne voulez pas croire encor que je vous aime.

ISABELLE
Je ne sais pas, Monsieur, de quoi vous me blâmez.
Je me connais aimable, et crois que vous m'aimez :
Dans vos soupirs ardents j'en vois trop d'apparence,
Et quand bien de leur part j'aurais moins d'assurance,
Pour peu qu'un honnête homme ait vers moi de crédit,
Je lui fais la faveur de croire ce qu'il dit.
Rendez-moi la pareille, et puisque à votre flamme
Je ne déguise rien de ce que j'ai dans l'âme,
Faites-moi la faveur de croire sur ce point
Que, bien que vous m'aimez, je ne vous aime point.

ADRASTE
Cruelle, est-ce là donc ce que vos injustices
Ont réservé de prix à de si longs services ?
Et mon fidèle amour est-il si criminel
Qu'il doive être puni d'un mépris éternel ?

ISABELLE
Nous donnons bien souvent de divers noms aux choses :
Des épines pour moi, vous les nommez des roses ;
Ce que vous appelez service, affection,

Je l'appelle supplice et persécution.
(II, 3, v. 350 à 368)

Isabelle rappelle à Adraste un principe que le langage amoureux semble avoir oublié : une parole peut être sincère et dire la vérité. Aussi lorsqu'il déclare qu'il l'aime peut-elle le croire, mais lorsqu'elle déclare ne pas l'aimer il doit lui aussi la croire. Isabelle demande un langage honnête qui rende compte de ce que l'on a dans l'âme. Lorsque Adraste se réfugie dans l'indignation, il a recours aux images attendues et aux formules toutes faites de la rhétorique amoureuse. Isabelle reprend ironiquement sur le même mode : si l'on peut prendre un mot pour un autre, chacun peut créer sa propre réalité et sa propre illusion. Toute communication devient dès lors impossible. Voilà sans doute pourquoi elle interrompt immédiatement la déclaration de Clindor (II, 5, v. 487) : leur amour ne saurait reposer sur une illusion de langage.

Clindor se sert du langage comme d'un masque qui l'aide à tenir ses rôles successifs. Il sait ainsi parfaitement s'adapter à la parole hyperbolique de Matamore et nourrir ses envolées guerrières et amoureuses (II, 1). Il sait aussi emprunter la parole du flatteur pour séduire Lyse (III, 5, v. 767 à 780) ou l'art de l'argumentation pour justifier ses doubles prétentions et lui faire saisir tous les avantages qu'elle retirerait à devenir sa maîtresse (III, 5, v. 787 à 801). Mais Lyse, elle-même experte en tromperies, ne s'y laisse pas prendre :

LYSE
Vous me connaissez trop pour m'aimer de la sorte,
Et vous en parlez moins de votre sentiment
Qu'à dessein de railler par divertissement.
Je prends tout en riant comme vous me le dites.
(III, 5, v. 802 à 805)

LYSE
Ah ! que vous prodiguez un temps si précieux !
Allez.

CLINDOR
Souviens-toi donc…

LYSE
De rien que m'ait pu dire…

CLINDOR
Un amant…

LYSE
Un causeur qui prend plaisir à rire.
(III, 5, v. 812 à 814)

Lyse dénonce le manque de sincérité du discours de Clindor qui s'amuse à jouer l'amoureux (« il contrefait l'amant ! », dit-elle au vers 816). Comme sa maîtresse avec Adraste, mais sur un mode plus léger, elle rappelle la réalité à son interlocuteur qui se paye de mots et se grise du pouvoir de sa parole : l'amant n'est qu'un beau parleur. Mais elle-même sait profiter de ce pouvoir : elle parvient à tromper sa maîtresse au début de l'acte IV, mais surtout à séduire le geôlier.

Le langage peut donc devenir une arme destinée à tromper l'autre. Mais l'homme peut aussi se mentir à lui-même. On peut ainsi penser que Clindor est sincère avec Lyse dans cette scène 5 de l'acte III et qu'il ment moins à la jeune femme qu'à lui-même. Il s'illusionne, comme dans le début de son monologue de l'acte IV (scène 7) où il est victime d'un désespoir réel qu'il ne parvient pas à exprimer avec sincérité : il revêt un masque tragique en empruntant son discours à la rhétorique héroïque. Il voit dans la mort un juste châtiment, et se berce de l'illusion du bonheur de mourir par amour :

CLINDOR
Isabelle, je meurs pour vous avoir servie,
Et, de quelque tranchant que je souffre les coups,
Je meurs trop glorieux, puisque je meurs pour vous !
Hélas ! que je me flatte, et que j'ai d'artifice
Pour déguiser la honte et l'horreur d'un supplice !
(IV, 7, v. 1254 à 1258)

Clindor refuse de voir la mort en face et de s'avouer sa peur. Il se sert du discours héroïque pour créer l'illusion d'un comportement de type chevaleresque (mourir pour servir sa maîtresse). Il se protège derrière les mots. Ce n'est que dans la vision qui suit qu'il se met véritablement face à son exécution prochaine, et finit par accepter de ne pas être un héros : « Et la peur de la mort me fait déjà mourir ! » (v. 1288). Cet aveu est à l'opposé de la réaction attendue d'un « héros ». S'amorce alors le retour à une parole sobre et sincère, dans laquelle Isabelle retrouve sa juste place.

Le langage est donc aussi une source d'illusions que Corneille explore en multipliant les registres et les tonalités. D'un langage codé à une parole sincère, les motifs de l'illusion se déclinent au fil des scènes.

Le langage, créateur d'illusions

Le personnage de Matamore se caractérise avant tout par l'excès de sa parole. Son rapport au langage le condamne à vivre dans une autre réalité, qui n'a d'existence que par les mots. Ses discours, sans aucune référence au réel, créent d'autres mondes. L'illusion devient folie et théâtre.

Dès qu'il apparaît sur scène, il « rêve » ; il est comme absent au monde, tout entier préoccupé par l'histoire imaginaire qu'il est en train d'inventer. Il se construit ainsi sa propre réalité. La confrontation avec le réel met à bas son discours en révélant son inanité : sa bravoure et ses amours apparaissent alors comme de pures inventions. Mais cette confrontation ne lui fait jamais renoncer au mensonge : il parvient toujours à justifier son comportement en l'intégrant à son propre univers mental. Ainsi, lorsqu'il voit s'avancer Isabelle avec Adraste, il explique sa fuite à Clindor :

> CLINDOR
> Revenons à l'amour, voici votre maîtresse.
>
> MATAMORE
> Ce diable de rival l'accompagne sans cesse.
>
> CLINDOR
> Où vous retirez-vous ?
>
> MATAMORE
> Ce fat n'est pas vaillant,
> Mais il a quelque humeur qui le rend insolent ;
> Peut-être qu'orgueilleux d'être avec cette belle,
> Il serait assez vain pour me faire querelle.
>
> CLINDOR
> Ce serait bien courir lui-même à son malheur.
>
> MATAMORE
> Lorsque j'ai ma beauté, je n'ai point ma valeur.
>
> CLINDOR
> Cessez d'être charmant et faites-vous terrible.
>
> MATAMORE
> Mais tu n'en prévois pas l'accident infaillible :
> Je ne saurais me faire effroyable à demi,
> Je tuerais ma maîtresse avec mon ennemi.
> Attendons en ce coin l'heure qui les sépare.
>
> CLINDOR
> Comme votre valeur, votre prudence est rare.
> (II, 2, v. 333 à 356)

Le danger qu'il ressent à l'approche de son rival dénonce sa poltronerie, mais sa maîtrise du langage lui permet de faire face à la situation et aux remarques ironiques de Clindor, sans jamais avouer la vérité. Matamore échappe d'ailleurs à toute logique de vérité : les catégories du vrai et du vraisemblable sont absentes de son discours qui semble se suffire à lui-même, hors de toute référence extérieure. Cette toute-puissance de la parole et son caractère autosuffisant apparaissent très clairement lorsqu'on analyse la répartition des répliques dans les actes II et III : Matamore, présent dans seulement deux scènes du deuxième acte, y possède pourtant le temps de parole le plus long (136,5 vers). Idem dans l'acte III (107,5 vers). Matamore représente donc l'illusion portée à son comble, mais une illusion négative qui le condamne à la solitude, puisqu'il disparaît totalement à l'acte IV sans que personne ne s'en soucie vraiment.

■ Théâtre et illusion

Comme son titre l'indique, *L'Illusion comique* est d'abord une réflexion sur les pouvoirs d'illusion du théâtre, ou plutôt une démonstration en actes de ces pouvoirs. La nature vivifiante de l'illusion est ainsi révélée.

L'illusion mimétique

La grotte se transforme, sous les yeux éblouis de Pridamant, en véritable scène. Le spectateur prend conscience du plaisir de l'illusion qui parvient à lui faire oublier le temps et le lieu, pour le plonger dans une autre réalité. C'est de la nature même du spectacle théâtral et de sa réception que Corneille nous parle. Il inscrit ainsi sa pièce dans un débat théorique de son temps.

Aristote a mis en évidence dès l'Antiquité la singularité du « poème » dramatique* : une œuvre qui raconte une histoire, non par du récit mais par des actions. Il s'agit de représenter une histoire pour lui donner une réalité effective sur la scène. Cette représentation pose nécessairement la question de l'imitation (*mimèsis**) et du rapport de la chose représentée au réel : puisque la fiction créée par l'écriture est rendue réelle par la représentation, comment fiction et réalité peuvent-elles cohabiter ? La fiction doit-elle tenter de préserver à tout prix l'illusion de la réalité ou peut-elle créer une réalité totalement autre ? Ces interrogations autour de l'illusion mimétique sont au cœur des réflexions des doctes sur l'art dramatique* dans les années 1630. Ces derniers reprennent à leur compte la réflexion d'Aristote, qu'ils prolongent et enrichissent. Le postulat reste le même : le texte dramatique* doit créer l'illusion de la réalité en l'imitant. Cette ressemblance doit permettre le processus d'identification du spectateur. La notion d'« illusion invisible » est extrêmement puissante : le théâtre doit donner l'illusion de la réalité et, en même temps, faire disparaître cette illusion. Chapelain, grand théoricien de l'art dramatique* classique, ne cesse d'affirmer cette nécessité, comme dans sa *Lettre sur les vingt-quatre heures* (1630) :

> Je pose pour fondement que l'imitation en tout poème doit être si parfaite qu'il ne paraisse aucune différence entre la chose imitée et celle qui imite.

L'œuvre théâtrale vaut donc par sa crédibilité. Cependant, l'illusion du vrai n'est pas le vrai et, de même qu'Aristote restreignait le champ du représentable, les Classiques redéfinissent pour la scène la nature du vrai en fonction de sa crédibilité. Cela va être tout le travail de mise en place de la dramaturgie* classique fondée sur la notion de vraisemblable comme garante de l'illusion mimétique.

La pièce *L'Illusion comique* n'est pas soucieuse de ces règles et affiche même son irrégularité en montrant les ressorts de l'illusion. Elle propose ainsi une réflexion très moderne sur l'illusion mimétique, en affirmant la possibilité de faire ressentir une émotion réelle et forte au sein même d'une illusion dénoncée comme telle (la magie opérée par Alcandre). Elle multiplie les liens entre le réel et le fictif pour justement démontrer l'ambiguïté constitutive du genre. La première pièce interne n'est pas une pièce, mais elle donne à voir des événements réels ; pourtant, elle est une fiction puisque Pridamant voit évoluer des spectres. La seconde pièce interne est bel et bien une pièce, mais elle donne l'illusion parfaite d'être la suite des événements réels… Corneille brouille les pistes tout en affirmant sans cesse une théâtralité forte : présence du rideau qui s'ouvre dans le premier et le dernier acte, présence de Matamore… L'illusion théâtrale est ici déclinée sous toutes ses formes, dans ses rapports complexes avec le réel et sa capacité à produire de l'émotion à partir du faux.

De l'illusion positive

Le théâtre dans le théâtre permet un jeu de dédoublement et tend au spectateur un miroir dans lequel il peut se voir. Le spectateur de *L'Illusion comique* voit trois scènes qui se succèdent temporellement et spatialement : la première où se trouvent Alcandre et Pridamant ; la deuxième, scène métaphorique « projetée » au fond de la grotte, où se déroulent les aventures de Clindor ; la troisième, scène au sens propre, occupée par les personnages de la tragédie.

Ce dédoublement multiple de la réalité, permis par l'illusion théâtrale, met en évidence la valeur positive de cette illusion. Alors que la pièce fait varier par ailleurs le motif de l'illusion trompeuse et vaine, l'illusion théâtrale apparaît comme source de vitalité et de connaissance.

En effet, c'est grâce à l'illusion que Pridamant retrouve son fils : comme nous l'avons déjà dit, la valeur cathartique* du spectacle a valeur pédagogique. En outre, Clindor trouve dans l'illusion consciente, propre au métier de comédien, la stabilité qui lui manquait jusqu'alors : il passe ainsi de l'adolescence à l'âge adulte. L'illusion théâtrale révèle ses vertus morales et son rapport étroit avec la vie réelle – Corneille démontrant par ce biais la nature et la valeur du plaisir théâtral et de l'illusion. Les vertus morales de l'art dramatique* sont mises en évidence par l'intrigue elle-même (la transformation du père et de son fils). La fonction classique du *docere* (instruire) est ainsi inscrite au cœur de l'illusion, tandis que sa valeur divertissante est exaltée dans le plaidoyer final d'Alcandre :

> Cessez de vous en plaindre : à présent le Théâtre
> Est en un point si haut qu'un chacun l'idolâtre,
> Et ce que votre temps voyait avec mépris
> Est aujourd'hui l'amour de tous les bons esprits,
> L'entretien de Paris, le souhait des Provinces,
> Le **divertissement** le plus doux de nos Princes,
> Les **délices** du peuple, et le **plaisir** des grands ;
> Parmi leurs **passe-temps** il tient les premiers rangs,
> Et ceux dont nous voyons la sagesse profonde
> Par ses illustres soins conserver tout le monde
> Trouvent dans les **douceurs** d'un spectacle si beau
> De quoi **se délasser** d'un si pesant fardeau.
> (V, 6, v. 1781 à 1792)

Plaire, voilà la fonction principale qu'Alcandre choisit de mettre en avant : « divertissement », « délices », « plaisir », « passe-temps », « douceurs », « se délasser »... On pourrait aisément ajouter une troisième fonction (émouvoir) pour répondre aux exigences de la rhétorique classique.

Mais comment donc l'illusion théâtrale parvient-elle à articuler ces trois fonctions (instruire, plaire, émouvoir) qui définissent les objectifs de réception et concernent donc le public ? Le spectateur privilégié que constitue Pridamant est celui que l'illusion parvient à instruire par le biais de l'émotion : il apprend à accepter son fils tel qu'il est, et peut ainsi le retrouver. Le spectateur de la salle est, quant à lui, davantage séduit et diverti qu'ému : il jouit de la vertu régénératrice de l'illusion qui joue des frontières étroites avec le réel. C'est à une réflexion plus vaste que nous sommes invités :

> Le théâtre prolonge la vie au point que tous s'y méprennent. Le théâtre a même révélé la vérité profonde de ces âmes, fait apparaître en Isabelle la fidélité, en Clindor l'inconstance. Le théâtre est indiscernable de la vie, plus vrai même que la vie ; il est magie créatrice.
>
> Georges Couton, Notice de *L'Illusion comique* in *Œuvres complètes* de Corneille (tome I), Gallimard, coll. « Bibliothèque de la Pléiade », 1980.

Le thème de l'illusion trouve là son expression la plus positive. Déclinée sous toutes ses formes dans la pièce de Corneille, l'illusion montre toute sa richesse et tout son intérêt lorsqu'elle devient illusion de théâtre.

4

ÉCHOS ET CORRESPONDANCES

1 - LE MODÈLE ANTIQUE DU FANFARON

Le personnage de Matamore est une réécriture d'un type comique ancien, celui du soldat fanfaron. C'est le personnage créé par le poète latin Plaute (254-184 avant J.-C.), dans sa pièce *Le Soldat fanfaron* (*Miles gloriosus*), qui sert de modèle aux auteurs du XVIIe siècle. Le Matamore de Corneille emprunte de nombreux traits à son ancêtre Pyrgopolinice, que suit toujours son valet parasite Artotrogus, modèle du rôle tenu par Clindor. Le personnage se caractérisait déjà par son discours hyperbolique :

> PYRGOPOLINICE (*sortant de chez lui, aux esclaves restés dans la maison*). – Faites briller mon bouclier ; que son éclat soit plus resplendissant que les rayons du soleil dans un ciel pur. Il faut, quand besoin en sera, dans le feu de la mêlée, que l'éclat de ses feux éblouisse les regards de l'ennemi. Et toi, ma chère épée, console-toi, cesse de te lamenter, et ne perds point courage, s'il y a trop longtemps que je te porte oisive à mon côté, tan-

dis que tu meurs d'envie de faire un hachis de nos adversaires. – Mais où est Artotrogus ? est-il là ?

ARTOTROGUS. – Il est là, aux côtés d'un héros fort et fortuné, et beau comme un roi et un guerrier... Mars, auprès de tes prouesses, n'oserait parler des siennes ni les leur comparer.

PYRGOPOLINICE. – N'est-ce pas lui que je sauvai dans les plaines Charançoniennes, où commandait en chef Bumbomachidès Clutumistharidysarchidès, petit-fils de Neptune ?

ARTOTROGUS. – Je m'en souviens ; tu veux parler de ce guerrier aux armes d'or, dont tu dispersas d'un souffle les légions, comme le vent dissipe les feuilles ou le chaume des toits.

PYRGOPOLINICE (*d'un ton négligent*). – Peuh ! tout cela n'est rien.

ARTOTROGUS. – Rien, bien sûr, au prix de toutes les autres prouesses... (*à part*) que tu n'as jamais faites. (*S'avançant sur la scène pour s'adresser au public*) Si jamais on peut voir plus effronté menteur, fanfaron plus vaniteux que mon homme, je veux bien être à qui le trouvera, je m'engage à devenir son esclave. Il n'y a qu'une chose : les olives confites qu'on mange chez lui sont furieusement bonnes.
(I, 1)

Plaute, *Le Soldat fanfaron*, traduit du latin par Alfred Ernout, éd. Les Belles Lettres, 1956.

2 - AMOUR ET INCONSTANCE

■ L'inconstance baroque

Le modèle du héros inconstant est fourni par Hylas, l'un des personnages de *L'Astrée* d'Honoré d'Urfé (1607-1628). Ce type est vite introduit dans la littérature dramatique*. Il apparaît notamment dans la « tragi-comédie pastorale » d'Antoine Mareschal,

L'Inconstance d'Hylas, qui fut représentée vers 1630. Dans l'extrait suivant, le héros se réjouit d'avoir trouvé un amour dont l'objet est d'une nature changeante : l'amour se plaît à être constamment surpris et s'épanouit dans la contradiction. Ainsi, le sentiment amoureux lui-même est perçu comme capricieux et changeant. Il s'inscrit dans le motif baroque du changement et du mouvement :

> Dans ces diversités ma flamme persévère
> Qui vous trouve à la fois triste, gaie et sévère ;
> Ce mélange subtil rend mes esprits contents ;
> Toute humeur me déplaît qui dure trop longtemps ;
> Le soleil à mes yeux aurait perdu sa grâce
> S'il nous montrait toujours ce que la nuit efface,
> Elle donne à la terre et l'ombre et la fraîcheur ;
> Le noir a ses appas, ainsi que la blancheur ;
> J'aime qu'une maîtresse entretienne mon âme
> Tantôt dedans la glace et tantôt dans la flamme,
> Qu'elle me soit cruelle afin de l'apaiser,
> Et qu'elle me soit douce afin de la baiser ;
> Sa cruauté me plaît, combien que j'en soupire,
> Et sa douceur accroît ma flamme et son empire ;
> Vivant je hais la vie, et l'aime quand je meurs.
> (I, 2)

Antoine Mareschal, *L'Inconstance d'Hylas*,
(cité par Jean Rousset in *La Littérature de l'âge baroque en France*, éd. José Corti, p. 41, 1954).

■ Apologie de l'inconstance amoureuse

Le théâtre des années 1620 et 1630 est peuplé d'inconstants et d'infidèles. Corneille reprend ces personnages devenus des types. Dans *La Place royale* (1634), sa dernière comédie avant *L'Illusion comique*, il oppose la constante Angélique à la frivole Phylis. Cette dernière explique à son amie les raisons de son inconstance : donner son cœur à tous, c'est ne le donner à personne et se préserver de la douleur d'un amour trop fort. La jeune femme ne suit pas une nature nécessairement inconstante mais, bien au contraire, fait le choix de l'inconstance comme parade amoureuse. Elle double le personnage masculin principal, Alidor, qui de son côté fait le choix de l'indifférence pour garder sa liberté :

PHYLIS
Pour moi j'aime un chacun, et sans rien négliger
Le premier qui m'en conte a de quoi m'engager,
Ainsi tout contribue à ma bonne fortune,
Tout le monde me plaît, et rien ne m'importune,
De mille que je rends l'un de l'autre jaloux,
Mon cœur n'est à pas un en se donnant à tous,
Pas un d'eux ne me traite avecque tyrannie,
Et mon humeur égale à mon gré les manie,
Je ne fais à pas un tenir lieu de mignon,
Et c'est à qui l'aura dessus son compagnon ;
Ainsi tous à l'envi s'efforcent à me plaire,
Tous vivent d'espérance, et briguent leur salaire,
L'éloignement d'aucun ne saurait m'affliger,
Mille encore présents m'empêchent d'y songer,
Je n'en crains point la mort, je n'en crains point le [change,
Un monde m'en console aussitôt, ou m'en venge ;
Le moyen que de tant, et de si différents,
Quelqu'un n'ait assez d'heur pour plaire à mes parents ?
Et si leur choix fantasque un inconnu m'allie,
Ne crois pas que pourtant j'entre en mélancolie,
Il aura quelques traits de tant que je chéris,
Et je puis avec joie accepter tous maris.
(I, 1, v. 63 à 84)

Corneille, *La Place royale*
(disponible dans plusieurs éditions de poche).

▪ L'inconstance du libertin

La grande figure de l'inconstance est sans doute Dom Juan. Pour lui, le plaisir ne peut naître que du changement. Sitôt le plaisir de la séduction passé, il lui faut changer d'objet. Le Dom Juan de Molière (dans sa pièce qui date de 1665) n'est pas tant un libertin jouisseur qu'un libertin de la pensée qui cherche à défier les lois morales. Athée, il ne croit qu'en la nature, et cette nature le pousse sur la voie de l'inconstance amoureuse. Dans le premier acte, il répond à son valet Sganarelle qui s'offusque de son manque de fidélité :

> DOM JUAN. – Quoi ? tu veux qu'on se lie à demeurer au premier objet qui nous prend, qu'on renonce au monde pour lui, et qu'on n'ait plus d'yeux pour personne ? La belle chose de vouloir se piquer d'un faux honneur d'être fidèle, de s'ensevelir pour toujours dans une passion, et d'être mort dès sa jeunesse à toutes les autres beautés qui nous peuvent frapper les yeux : non, non, la constance n'est bonne que pour des ridicules, toutes les belles ont droit de nous charmer, et l'avantage d'être rencontrée la première ne doit point dérober aux autres les justes prétentions qu'elles ont toutes sur nos cœurs. Pour moi, la beauté me ravit partout où je la trouve ; et je cède facilement à cette douce violence dont elle nous entraîne ; j'ai beau être engagé, l'amour que j'ai pour une belle n'engage point mon âme à faire injustice aux autres ; je conserve des yeux pour voir le mérite de toutes, et rends à chacune les hommages, et les tributs où la nature nous oblige. Quoi qu'il en soit, je ne puis refuser mon cœur à tout ce que je vois d'aimable, et dès qu'un beau visage me le demande, si j'en avais dix mille, je les donnerais tous. Les inclinations naissantes, après tout, ont des charmes inexplicables, et tout le plaisir de l'amour est dans le changement.
> (I, 2)

Molière, *Dom Juan*
(disponible dans plusieurs éditions de poche).

■ Nature et inconstance

Marivaux est sans doute le dramaturge qui s'est le plus penché sur les secrets du cœur et du sentiment amoureux. Sa « métaphysique amoureuse » s'inscrit dans la pensée du XVIIIe siècle qui développe une véritable théorie du sentiment, au cœur d'une réflexion plus vaste sur la Nature. Dans *La Dispute* (1744), deux personnages de haut rang s'interrogent sur l'origine de l'inconstance : qui de l'homme ou de la femme fut inconstant le premier ?

> LE PRINCE
> [...] vous savez la question que nous agitâmes hier au soir. Vous souteniez contre toute ma cour, que ce n'était pas votre sexe, mais le nôtre, qui avait le premier donné l'exemple de l'inconstance et de l'infidélité en amour.
>
> HERMIANNE
> Oui, Seigneur, je le soutiens encore. La première inconstance ou la première infidélité n'a pu commencer que par quelqu'un d'assez hardi pour ne rougir de rien. Oh ? comment veut-on que les femmes avec la pudeur, et la timidité naturelle qu'elles avaient, et qu'elles ont encore depuis que le monde et sa corruption durent, comment veut-on qu'elles soient tombées les premières dans des vices de cœur qui demandent autant d'audace, autant de libertinage de sentiment, autant d'effronterie que ceux dont nous parlons ? cela n'est pas croyable. (scène 1)

Marivaux, *La Dispute* in *Théâtre complet* (tome II), Gallimard, coll. « Bibliothèque de la Pléiade ».

■ Cynisme et cruauté de l'inconstant

Le libertin du XVIIIe siècle devient cynique. Contrairement au Dom Juan de Molière, qui croit sans doute encore à l'amour même s'il ne peut le concevoir dans la permanence, le Valmont des *Liaisons dangereuses* (1782) de Choderlos de Laclos ne croit plus qu'au plaisir. La séduction n'est plus qu'une stratégie perverse et une recherche de domination. Valmont séduit ainsi la vertueuse présidente de Tourvel, pour répondre au défi de la marquise de Merteuil. Une fois que la présidente a cédé, la marquise rédige pour Valmont une lettre de rupture qui conduira l'épouse vertueuse à la mort :

> « On s'ennuie de tout, mon Ange, c'est une Loi de la Nature ; ce n'est pas ma faute.
> « Si donc je m'ennuie aujourd'hui d'une aventure qui m'a occupé entièrement depuis quatre mortels mois, ce n'est pas ma faute.
> « Si, par exemple, j'ai eu juste autant d'amour que toi de vertu, et c'est sûrement beaucoup dire, il n'est pas étonnant que l'un ait fini en même temps que l'autre. Ce n'est pas ma faute.
> « Il suit de là, que depuis quelque temps je t'ai trompée : mais aussi, ton impitoyable tendresse m'y forçait en quelque sorte ! Ce n'est pas ma faute.
> « Aujourd'hui, une femme que j'aime éperdument exige que je te sacrifie. Ce n'est pas ma faute.
> « Je sens bien que voilà une belle occasion de crier au parjure : mais si la Nature n'a accordé aux hommes que la constance, tandis qu'elle donnait aux femmes l'obstination, ce n'est pas ma faute.
> « Crois-moi, choisis un autre Amant, comme j'ai fait une autre Maîtresse. Ce conseil est bon, très bon ; si tu le trouves mauvais, ce n'est pas ma faute.
> « Adieu, mon Ange, je t'ai prise avec plaisir, je te quitte sans regret : je te reviendrai peut-être. Ainsi va le monde. Ce n'est pas ma faute. »
> (extrait de la lettre CXLI)

Choderlos de Laclos, *Les Liaisons dangereuses* (disponible dans plusieurs éditions de poche).

■ Inconstance et amour vrai

L'âme romantique voit dans l'inconstance un obstacle à l'amour absolu. C'est du moins ce que la jeune héroïne de Musset, dans *On ne badine pas avec l'amour* (1834), semble penser : elle préfère entrer au couvent que de penser que Perdican a pu aimer sans constance. Camille est l'héritière de nombreux personnages féminins pour lesquels, comme on le voit dans *L'Illusion comique*, la permanence du sentiment amoureux est le gage d'un amour authentique et d'un engagement absolu :

> PERDICAN
> Tu es une orgueilleuse ; prends garde à toi.
>
> CAMILLE
> Pourquoi ?
>
> PERDICAN
> Tu as dix-huit ans, et tu ne crois pas à l'amour ?
>
> CAMILLE
> Y croyez-vous, vous qui parlez ? Vous voilà courbé près de moi avec des genoux qui se sont usés sur les tapis de vos maîtresses, et vous n'en savez plus le nom. Vous avez pleuré des larmes de joie et des larmes de désespoir ; mais vous saviez que l'eau des sources est plus constante que vos larmes, et qu'elle serait toujours là pour laver vos paupières gonflées. Vous faites votre métier de jeune homme, et vous souriez quand on vous parle de femmes désolées ; vous ne croyez pas qu'on puisse mourir d'amour, vous qui vivez et qui avez aimé. Qu'est-ce donc que le monde ? Il me semble que vous devez cordialement mépriser les femmes qui vous prennent tel que vous êtes, et qui chassent leur dernier amant pour vous attirer dans leurs bras avec les baisers d'une autre sur les lèvres. Je vous demandais tout à l'heure si vous aviez aimé ; vous m'avez répondu comme un voyageur à qui l'on demanderait s'il a été en Italie ou en Allemagne, et qui dirait : « Oui, j'y ai été » ; puis qui penserait à aller en Suisse, ou dans le premier pays venu. Est-ce donc une monnaie que votre amour, pour qu'il puisse passer ainsi de mains en mains jusqu'à la mort ? Non, ce n'est pas même une monnaie, car la plus mince pièce d'or vaut mieux que vous, et, dans quelques mains qu'elle passe, elle garde son effigie.
> (II, 5)

Alfred de Musset, *On ne badine pas avec l'amour*
(disponible dans plusieurs éditions de poche).

3 - L'ILLUSION

■ Réalité et illusion

Le bonheur : rêve ou réalité ?

Dans *La vie est un songe* (1633), le dramaturge espagnol Calderón propose une réflexion typiquement baroque sur le caractère illusoire de la réalité, des certitudes et des vérités humaines. La pièce a une valeur édifiante et religieuse : l'homme doit se tourner vers Dieu, unique réalité ferme et constante. Selon une prédiction, Sigismond, héritier du trône de Pologne, deviendra un tyran. Afin d'éviter que la prédiction se réalise, son père (le roi Basilio) l'a fait enfermer dès sa naissance dans une tour. Pour éprouver le caractère du jeune prince, il le fait déposer durant son sommeil dans le palais royal. À son réveil, on lui fait croire qu'il est le roi ; il se montre brutal, et menace son père qui décide de le ramener, endormi, dans sa prison. Sigismond ne sait s'il a rêvé… Lorsque Rosaura apparaît dans sa cellule, il ne sait plus s'il peut y croire :

> SIGISMOND. – Si cette majesté où je me suis vu, je l'ai rêvée, comment se fait-il que cette femme maintenant m'en rapporte des preuves si notoires ? Ce fut donc réalité, et non point songe ; mais si ce fut réalité – nouvelle et non moindre perplexité –, comment ce que j'ai vécu me fait-il la qualifier de songe ? Ainsi donc les gloires ressemblent tant aux songes que les vraies sont tenues pour mensongères et les fictives pour réelles ? Entre les unes et les autres il est donc si peu de différence que cela fait question de savoir si ce que l'on voit, ce dont on jouit, est illusion ou réalité ? La copie est donc si semblable à l'original que l'on hésite à décider s'il s'agit bien de la copie ? Alors, s'il en est ainsi et si l'on doit voir évanouies dans les ténèbres la grandeur et la puissance, la majesté et la magnificence, sachons mettre à profit cet instant qui nous est donné, puisque ce dont on jouit au milieu d'elles n'est que ce dont on jouit

dans les songes. Rosaure est en mon pouvoir, mon âme adore sa beauté : profitons donc de l'occasion ; que l'amour enfreigne les lois qu'imposent la vaillance et la confiance avec lesquelles elle se prosterne à mes pieds. Ceci est un songe, et puisque c'en est un, vivons des bonheurs en songe sans attendre, car ensuite ils deviendront chagrins.
(troisième journée)

Calderón, *La vie est un songe*,
traduit de l'espagnol par Lucien Dupuis,
Gallimard, coll. « Folio Théâtre ».

Jouer à être réel

Le poète italien Pier Paolo Pasolini (1922-1975) propose dans *Calderón* (1967) une réécriture de la fameuse pièce espagnole. Il en reprend le thème central de l'illusion pour lui donner une tonalité différente. Rêve et réalité se mélangent entièrement pour conduire à la folie : pour survivre, Rosaura devra jouer à croire au réel. La pièce s'ouvre ainsi sur Rosaura qui se réveille : elle ne reconnaît rien dans la pièce où elle se trouve, tout est beaucoup trop luxueux, et elle ne connaît pas celle qui prétend être sa sœur, Stella.

ROSAURA
[…] Tout ceci ne m'appartient pas, parce que je ne connais
ni la richesse, ni rien de ce qui est lié à la richesse.

STELLA
Rosaura, essaie de m'aider maintenant : quelque chose
a vacillé dans ta raison et commence, hélas,
à vaciller aussi dans la mienne.
Notre duo est absurde.
Essaie de te concentrer… Cette nuit, qu'est-ce que tu as rêvé ?

ROSAURA
Je n'ai rien rêvé, c'est ceci qui est un rêve.

STELLA
Mais, étant donné que moi je sais que ce n'est pas un rêve,
puisque je suis ta sœur et que j'ai vécu
ta réalité avec toi, il faut que tu essaies, au moins,
de poser, par l'absurde, que ceci n'est pas un rêve.
Faisons comme si c'était un jeu.

ROSAURA
Quel jeu ?

STELLA
Faisons comme si tu ne reconnaissais vraiment pas
ce lit, où tu t'es réveillée ce matin,
ni moi, ta sœur, ni cette maison qu'on appelle en famille,
pour rire, le Palais d'Hiver, ni le reste...

ROSAURA
Et ensuite ?

STELLA
Toi, tu fais donc comme si tu faisais semblant de ne rien savoir
du monde où tu t'es réveillée ce matin, où tu es,
où tu vis :
et moi, je ferai comme si je devais t'expliquer comment sont les choses...

ROSAURA
Et dans quel but tout cela ?

STELLA
Parce que personne ne viendra jamais te libérer, même si tu criais au secours jusqu'à demain, et jusqu'à en perdre le souffle !
Et moi, je ne pourrais pas ne pas être ta sœur,
même si tu le niais jusqu'à la mort !
Pareil pour ces meubles, cette maison, notre père,
notre mère, notre frère Pablito
qui joue dans les jardins du Palais d'Été !
Et alors ainsi, tu resterais étrangère, à hurler,
toute ta vie. Voilà pourquoi tu dois faire semblant,
et écouter, comme un jeu, toutes les explications

que je te donnerai sur cette vie…
(épisode 1)

Pier Paolo Pasolini, *Calderón*,
traduit de l'italien par Michèle Fabien in *Théâtre*,
éd. Actes Sud, coll. « Babel » (p. 14-15), 1995.

▪ L'illusion théâtrale

L'illusion parodiée

On trouve, dans *Le Songe d'une nuit d'été* (1595) de Shakespeare, l'un des exemples les plus connus de théâtre dans le théâtre. La représentation de la tragédie de Pyrame et de Thisbé par une troupe d'artisans est annoncée dès le deuxième acte. Cette histoire d'amour tragique, dans laquelle les deux amants sont trompés par la nuit, redouble sur un autre registre les amours des jeunes premiers enfuis dans la forêt, lieu des amours tumultueuses de la reine des fées et de son mari. Les histoires sont donc enchâssées les unes dans les autres, dans un subtil jeu d'échos, et déclinent les thèmes de l'amour et de l'illusion. On assiste, dans l'acte III, à la répétition de la tragédie par les artisans : c'est l'occasion pour Shakespeare de s'amuser, en parodiant l'illusion mimétique, de la naïveté des comédiens amateurs face à l'illusion théâtrale.

NAVETTE
Il y a dans cette comédie de Pyrame et de Thisbé des choses qui ne vont jamais plaire. Tout d'abord, Pyrame doit tirer son épée et se tuer ; ces dames ne le supporteront pas ; qu'as-tu à répondre à ça ?

MARMITEUX
Parbleu, elles auront une peur horrible.

FAMÉLIQUE
Tout compte fait, je crois qu'il vaut mieux qu'il ne se tue pas.

NAVETTE
Pas du tout. J'ai un moyen de tout arranger. Écris-moi un prologue ; et laisse entendre dans le prologue que nous ne nous ferons aucun mal avec nos épées, et que Pyrame n'est pas tué pour de vrai ; et pour les rassurer tout à fait, dis-leur que moi, Pyrame, je ne suis pas Pyrame, mais Navette, le tisserand ; cela leur enlèvera toute crainte.

LECOIN
Entendu, on fera ce prologue, et il sera écrit en vers de huit et six.

NAVETTE
Non, mettez-en deux de plus, qu'on l'écrive en vers de huit et huit.

MARMITEUX
Les dames ne vont-elles pas avoir peur du lion ?

FAMÉLIQUE
J'en ai peur, je vous assure.

NAVETTE
Il faut bien y réfléchir, Messieurs. Amener un lion – Dieu nous préserve – parmi des dames, c'est une terrible aventure ; car il n'existe pas au monde d'oiseau de proie plus redoutable que votre lion : et nous devons y regarder à deux fois.

MARMITEUX
Eh bien, il faudra un autre prologue pour dire que ce n'est pas un lion.

NAVETTE
Non pas, on le nommera par son vrai nom, la crinière du lion laissera voir la moitié de son visage ; et il faut que lui-même parle au travers, en disant comme ça, ou quelque chose d'accrochant : « Mesdames, non, belles dames, je viens vous prier, ou je viens vous implorer, ou je viens vous supplier de ne pas avoir peur, de ne pas trembler : ma vie répond de la vôtre. Si vous pensez que je viens ici en lion, je ne donnerai pas cher de ma peau ; non, je ne suis rien de pareil, je suis un homme comme

tout le monde », et ici, il se nommera par son nom et leur dira carrément qu'il est Gâtebois, le menuisier. (III, 1)

William Shakespeare, *Le Songe d'une nuit d'été*, traduit de l'anglais par Jules et Jean-Louis Supervielle, éd. GF-Flammarion.

Illusion et vérité

Dans *Six personnages en quête d'auteur* (1921) de Luigi Pirandello (1867-1936), on retrouve un des thèmes centraux de *L'Illusion comique*, celui du rapport entre le réel et le théâtre. Dans la pièce du dramaturge italien, une répétition est interrompue par l'apparition énigmatique de six personnes qui veulent devenir personnages : le drame de leur vie a toutes les qualités requises pour être porté à la scène. Cette situation est l'occasion d'un jeu subtil sur la confrontation entre la fiction et la réalité qui en viennent à se confondre :

LE PÈRE, *s'avançant, suivi des autres jusqu'à l'un des petits escaliers.* – Nous sommes à la recherche d'un auteur.

LE DIRECTEUR, *mi-abasourdi, mi-furieux.* – D'un auteur ? Quel auteur ?

LE PÈRE. – N'importe lequel, monsieur.

LE DIRECTEUR. – Mais il n'y a pas le moindre auteur ici, car nous n'avons pas la moindre pièce nouvelle en répétition.

LA BELLE-FILLE, *avec une vivacité gaie, gravissant rapidement le petit escalier.* – Alors, tant mieux, monsieur, tant mieux ! Nous allons pouvoir être votre pièce nouvelle.

L'UN DES ACTEURS, *au milieu des commentaires animés et des rires des autres.* – Non mais, vous entendez ça !

LE PÈRE, *rejoignant la Belle-Fille sur le plateau.* – Oui, mais s'il n'y a pas d'auteur ici !... (*Au Directeur* :) À moins que vous ne vouliez l'être vous-même...

LE DIRECTEUR, *au Père et à la Belle-Fille.* – C'est une plaisanterie ?

LE PÈRE. – Non, monsieur, que dites-vous là ! Bien loin de plaisanter, nous vous apportons un drame douloureux.

LA BELLE-FILLE. – Et nous pouvons faire votre fortune !

LE DIRECTEUR. – Voulez-vous me faire le plaisir de vous en aller : nous n'avons pas de temps à perdre avec des fous !

LE PÈRE, *blessé mais mielleux.* – Oh, monsieur, vous savez bien que la vie est pleine d'innombrables absurdités qui poussent l'impudence jusqu'à n'avoir même pas besoin de paraître vraisemblables : parce qu'elles sont vraies.

LE DIRECTEUR. – Que diable racontez-vous là ?

LE PÈRE. – Je veux dire que ce que l'on peut réellement estimer une folie, c'est quand on s'efforce de faire le contraire ; c'est-à-dire d'en créer de vraisemblables afin qu'elles paraissent vraies. Mais permettez-moi de vous faire observer que, si c'est là de la folie, c'est pourtant l'unique raison d'être de votre métier.

Les Acteurs s'agitent, indignés.

LE DIRECTEUR, *se levant et le toisant.* – Ah, vraiment ? Vous trouvez que notre métier est un métier de fous ?

LE PÈRE. – Oh, quoi ! faire paraître vrai ce qui ne l'est pas ; et cela sans nécessité, monsieur : par jeu… Est-ce que votre fonction n'est pas de donner vie sur la scène à des personnages imaginaires ?

LE DIRECTEUR, *vivement, se faisant l'interprète de l'indignation grandissante de ses Acteurs.* – Mais moi, cher monsieur, je vous serais obligé de croire que la profession de comédien est une très noble profession ! Si, au jour d'aujoud'hui, messieurs les nouveaux auteurs dramatiques ne nous donnent à porter à la scène que des pièces stupides et des pantins au lieu d'êtres humains, sachez que c'est notre fierté d'avoir donné vie – ici, sur ces planches – à des œuvres immortelles !

Luigi Pirandello, *Six personnages en quête d'auteur*,
traduit de l'italien par Michel Arnaud,
Gallimard, coll. « Folio » (p. 41 à 44).

Mensonge et perversité de l'illusion

L'illusion théâtrale est aussi au centre du *Faiseur de théâtre* (1984) de Thomas Bernhard (1931-1989). Mais, loin d'être une source de plaisir et de joie comme dans *L'Illusion comique*, elle devient le symbole du mensonge généralisé dans lequel vit l'humanité. Pour le personnage principal, écrivain misanthrope, l'illusion de théâtre plaît parce qu'elle condense le plaisir pervers qu'éprouve l'homme à vivre dans l'illusion :

BRUSCON
[...] Ce que les comédiens interprètent
est toujours interprété de travers
de façon mensongère justement monsieur
et c'est précisément pour cela du théâtre
L'interprété est mensonge
et le mensonge interprété nous l'aimons
C'est ainsi que j'ai écrit ma comédie
mensongèrement
c'est ainsi que nous l'interprétons
mensongèrement
c'est ainsi qu'elle est reçue
mensongèrement
L'écrivain est mensonge
les interprètes sont mensonges
et les spectateurs aussi sont mensonges
et le tout rassemblé est une absurdité unique
sans même parler du fait
qu'il s'agit d'une perversité
qui a déjà des milliers d'années
le théâtre est une perversité plusieurs fois millénaire
dont l'humanité raffole
et elle en raffole si fort
parce qu'elle raffole si fort de son mensonge

et nulle part ailleurs dans cette humanité
le mensonge n'est plus grand et plus fascinant
qu'au théâtre [...].
(première scène)

Thomas Bernhard, *Le Faiseur de théâtre*,
traduit de l'allemand par Édith Darnaud,
éd. de L'Arche, coll. « Scène ouverte »
(p. 30-31), 1986.

4 - *L'ILLUSION COMIQUE*, MISE EN SCÈNE DE GIORGIO STREHLER

En 1984, le grand metteur en scène italien Giorgio Strehler propose une mise en scène magistrale de *L'Illusion comique* au théâtre de l'Odéon. Il choisit le texte de l'édition de 1639, mais prend le titre que Corneille donne à sa pièce en 1660 : *L'Illusion*. Ce choix signale la volonté de montrer l'universalité de la comédie cornélienne : pour Strehler, il n'est pas seulement question de théâtre, mais à travers le théâtre il est surtout question de la vie.

■ La lecture du metteur en scène

Les extraits qui suivent sont tirés du programme du théâtre de l'Odéon (saison 1984-1985). Giorgio Strehler y propose une lecture qui mêle interprétation, littéraire et idéologique, et vision artistique.

Un « spectacle nocturne d'ombres »

Dans le passage suivant, Strehler met en parallèle la pièce de Corneille avec *La Tempête* de Shakespeare, pièce qu'il a mise en scène peu de temps auparavant. Le personnage principal de *La Tempête* est Prospéro, magicien aux puissants pouvoirs d'illusion, qui vit sur une île. Pour le metteur en scène, les deux pièces traitent des mystères de la vie humaine. Son article mêle réflexion et vision scénique ; les enjeux de signification sont d'emblée mis en images, et surtout en couleurs :

> L'iridescence de la poésie et le mystère de l'homme ne peuvent pas être approchés de trop près. Aussi suffirait-il de restituer un peu de cette non-couleur, de cette lumière-ombre, de cette musique-silence du chef-d'œuvre qui émanent de *L'Illusion* de Corneille pour accomplir pleinement notre devoir d'interprètes et d'artistes. Pour le reste, avons-nous simplement réussi à donner aux gens au moins une étincelle de ce que nous avons cru comprendre et voir dans *L'Illusion* ? Rarement une entreprise s'est révélée plus difficile, plus tourmentée. Une, plus que les autres, me revient à l'esprit : *La Tempête* de Shakespeare. Dans cette œuvre, nous nous trouvions devant une tragédie cosmique, nous sommes devant la profondeur abyssale des sentiments des hommes, devant l'ambiguïté suprême de l'Amour humain. Dans l'île de *La Tempête*, nous découvrions l'histoire du monde, de l'esclavage, de la liberté avec celle du théâtre. Dans *L'Illusion* on avance dans la pénombre des âmes, images de quelque chose d'autre, projetées sur les murs d'une caverne (celle de Platon ?) ; on parle plus bas, et l'on murmure des choses grandissimes sur les hommes, les femmes, la vie, l'être et le paraître, et l'on parle aussi de l'histoire du théâtre, du théâtre comme instrument de connaissance et comme moyen « plus vrai » pour exister. Dans *La Tempête*, nous sommes devant le mystère de la lumière du premier jour de la création ; dans *L'Illusion*, devant le mystère, dans le brun-violet d'un contre-jour, d'un contre-monde, d'un ultime coucher de soleil, ou de quelque nuit illuminée par une lune invisible. Ce n'est pas un hasard pour nous, si Corneille a imaginé ou voulu son illusion comme un spectacle « nocturne » d'ombres.

Le théâtre, métaphore de la vie humaine*

Pour Giorgio Strehler, la pièce de Corneille ne crée pas un monde clos en réflexion sur lui-même, elle n'est pas théâtre sur le théâtre. Mais le théâtre représenté sur la scène, métaphorisé, est un moyen de pénétrer un peu mieux la vérité de l'homme :

> Je crois vraiment que Corneille, dans sa maturité, à la fin de son histoire, a regardé son « étrange monstre » juvénile, comme il définit *L'Illusion*, avec une sorte d'étonnement, peut-être avec de la peur ou de la nostalgie, sûrement avec une lucidité extrême et qu'en toute conscience, il a enlevé l'adjectif comique pour laisser sa force au mot illusion. Je crois que le poète en revoyant son œuvre avec recul s'est rendu compte qu'il avait écrit un poème dramatique sur l'illusion des êtres humains, et sur les rapports entre la réalité (ou la vérité) et la fiction (ou le mensonge) et non seulement sur une illusion théâtrale, pour acteurs et spectateurs.
>
> Aussi ce qui nous a le plus touché dans *L'Illusion*, n'est pas le retour d'un autre magicien, après Prospéro de *La Tempête*, d'une autre grotte-théâtre, d'un drame sur le théâtre ou du théâtre (nous avons pratiqué ce jeu extrême dès notre jeunesse et même si nous sommes encore attachés à son enchaînement d'émerveillements, la représentation de la comédie dans la comédie, le rapport théâtre-vie, fiction-réalité ne nous surprend plus). Non, dans *L'Illusion*, nous avons été frappés essentiellement par cette métaphore de la vie de l'homme qui utilise le théâtre pour une démonstration poétique et bouleversante de la relativité des liens et des sentiments des protagonistes des scènes du monde où se joue l'aventure humaine. Par ce reflet de miroirs qui réfléchit éternellement la vie, qui pousse les acteurs à s'aimer, à se trahir, à mourir « comme au théâtre » ; par la glorification de nos contradictions et de nos incertitudes et du théâtre comme moyen de connaissance ultime de l'homme.

Profondeur tragique et douceur poétique

L'Illusion comique est une pièce d'une nature double, à la fois sombre et légère. Strehler insiste beaucoup sur sa poésie, qui semble créer le lien entre la part d'inquiétude sombre qui la constitue et la part de joie lumineuse. On retrouve, dans le texte suivant, le réseau métaphorique mis en place avec les couleurs dans le premier extrait. La pièce de Corneille est une pièce du crépuscule et de l'ombre :

> Tout le reste, le contexte historique, la légitimation du théâtre, le plaidoyer sur le théâtre, sur sa moralité, sont pour nous des thèmes et des accents secondaires eux aussi, peut-être, écrans illusoires pour attirer les plus ingénus, comme si dans *L'Illusion* tout n'était que là. Car en définitive, *L'Illusion* nous apparaît comme une œuvre profonde, obscure, tragique, angoissante, pessimiste, même si elle est auréolée d'une sorte de légèreté poétique, d'une apparente douceur et même d'une ivresse de l'amour. Qu'est-ce que *L'Illusion* sinon une passion d'amour, sinon une série continue d'histoires d'amour et d'identités qui s'enchaînent les unes dans les autres pour créer un univers de passions subtilement variées, écrites avec la plus suprême élégance de style, inventées à chaque page, et à chaque instant laissées toujours en suspens, dans une incertitude où semble se réfléchir une inquiétude invisible qui nous entoure et qui nous fait mieux reconnaître notre fragilité, au seuil du mystère de la vie ?

■ Descriptions du spectacle

Les passages qui suivent sont extraits de l'article d'Odette Aslan, « Les Jeux de *L'Illusion* », paru dans le volume consacré à Giorgio Strehler des *Voies de la création théâtrale* (tome 16, éditions du CNRS, 1989).

Acte II, scène 2

La mise en scène met en évidence la théâtralité ou la facticité des personnages lorsqu'ils entrent sur scène. Leurs entrées rappellent qu'ils sont des ombres créées par les pouvoirs d'Alcandre. À la magie d'Alcandre correspond la magie de la machine de théâtre (la trappe, la lumière…) :

Après un récit verbal, le Mage décide d'utiliser des moyens visuels pour montrer à Pridamant des épisodes de la narration. Le rideau se relève, les parois de la grotte s'écartent, éclairage et musique guident le début de l'évocation. Des dessous, monte un petit banc, où sont posées deux figurines à taille humaine : ces deux ombres convoquées par Alcandre vont s'animer et parler. Matamore et son valet Clindor font une entrée « magique » par une trappe comme le Mage tout à l'heure.

Pour s'affirmer, Matamore agresse son valet Clindor, le saisit solidement par son foulard : « ah, traître ! » n'est pas seulement une injure verbale mais un acte qui traduit physiquement un rapport de forces. « Tu crois donc que ce bras ne soit pas assez fort ? » : Matamore envoie promener Clindor à trois mètres, gardant pour son seul usage le petit podium qui domine le sol. Puis il passe sa fureur à lancer des poignards sur le banc en direction d'ennemis supposés. Grosse voix, gestes prompts, décidés, il s'est montré « terrible ».

Isabelle approche en compagnie d'un prétendant : que va faire Matamore ? Affronter son rival ? Il préfère s'éclipser. Clindor, amoureux d'Isabelle lui aussi, le suit à regret. (p. 299)

Acte II, scène 3

La mise en scène semble également soucieuse de jouer avec les registres. Ainsi, cette scène entre Isabelle et Adraste est placée sous le signe d'une certaine brutalité et d'une certaine froideur, qui contrastent avec la comédie qui précède. Le texte est tiré vers la noirceur :

Nouvelle entrée « magique ». Deux autres ombres paraissent en ce début de crépuscule où rougissent les derniers rayons de soleil. Sur le motif musical qui évoque une boîte à joujou, Isabelle se glisse dans la lumière, s'immobilise, Adraste se pose dans la pénombre de l'avant-scène : l'une est dos au public, l'autre de face. Image d'affrontement entre la féminité (robe claire d'Isabelle, dentelle, visage voilé par une ombrelle) et le

courtisan du Grand Siècle : le baron Adraste a la stature d'un personnage masqué. Entité du pouvoir, en large perruque et costume somptueux mais raide, il exhale le malaise et répand la menace. L'ombrelle se referme sèchement, comme claquerait une gifle ou s'enfoncerait une épée. Adraste accuse le coup. Les deux figurines ne jouent pas à l'unisson. L'une fuit quand l'autre l'approche et la frôle. Lourd d'un désir non partagé, se déplaçant à l'oblique et le regard fuyant, Adraste rôde, se plaint, entre en fureur. Son visage blafard a la dureté de la pierre. Il est engoncé dans son habit couleur de nuit comme dans une cuirasse ; il s'immobilise puis bondit, fauve lancé vers sa proie.
(p. 299-300)

Acte IV, scènes 1 et 2

La scénographie* évolutive confirme et complexifie les sens inscrits dans le texte. Ainsi, le metteur en scène choisit de doubler les effets de miroir, compris dans la structure de la pièce, d'un « sol-miroir » dans lequel les personnages se réfléchissent. L'image ainsi créée vient souligner le jeu sur les identités :

Le paysage se trouble, une brume le ternit. Une cloche égrène les heures du soir et l'on croit entendre un glas. En ce même jardin qui fut témoin de sa première rencontre avec Clindor, Isabelle désespérée vient pour se poignarder. Une mante claire aux longs plis la recouvre ; son image se dédouble sur la paroi réfléchissante et sur le sol où elle s'agenouille, se traîne, se désespère. Où est la femme ? Où le reflet ? Est-ce rêve, réalité ? Lyse survient à temps pour empêcher le geste fatal. La suivante, pour se racheter, a tout mis en œuvre pour faire évader Clindor, acceptant d'épouser le Geôlier pour obtenir sa complicité. L'espoir d'Isabelle renaît. Et le sol sur lequel elle s'allonge en imaginant le retour de son bien-aimé devient couche nuptiale.

Lyse fait le récit détaillé de sa machination. Avec mélancolie, elle contemple sur le sol-miroir son image ni laide ni belle et l'efface ; par son sacrifice, elle s'efface elle-

même au profit du jeune couple. Puis la comédie reprend dans un babil au rythme vif, dans des chuchotements mêlés à des rires. Isabelle, inconsciente de la peine de sa servante, ne songe qu'à la réussite du plan. Les étoffes fluides, les tournoiements dans l'ombre du jardin, les rires, le babillage juvénile, ajoutent à l'ingénuité de la conspiration, dans un jeu de doubles où les deux femmes complices deviennent presque semblables en leur amour commun. Les costumes et la gestuelle évoquent la grâce des tableaux de Watteau ou de Fragonard.
(p. 302)

▪ Témoignage d'une comédienne

Voici, toujours extrait du même article, le témoignage de Nada Strancar qui interprétait le rôle de Lyse, mais aussi celui de Rosine, dans la mise en scène de Giorgio Strehler au théâtre de l'Odéon. On voit de quelle façon se construit le personnage : dans la combinaison de la vision du metteur en scène et des possibilités d'incarnation de la comédienne.

« Je fus d'abord tentée de considérer Lyse comme une héroïne tragique, en négligeant sa condition sociale, son rôle de servante. Pour Strehler, l'important était que ce personnage – populaire avant tout – ait une passion qui la conduit à un destin tragique et la transfigure. Puis il fallut « composer » Rosine par rapport à Lyse. Strehler m'indiqua un rythme cardiaque : un cœur emballé entraînant paroles et gestes dans une course anarchique, un cœur et un corps ne pouvant plus se contenir. Cette « Passionnaria » de l'amour physique apparaîtrait dans un état d'excitation extrême, presque nue, cheveux défaits. Mais Strehler n'hésite pas à abandonner une idée s'il s'aperçoit qu'elle ne pourra fonctionner pour l'acteur. Un jour, il me parla plutôt d'une nonne noire dont le costume très rigide contraindrait l'expression. Cela me correspondait mieux sans doute. La puissance du sentiment serait la même, mais ne pourrait s'exhaler que par la voix et la sensation de ce cœur battant si fort dans un costume carcan qui a été refait, bridant, emprisonnant le corps. » (p. 320)

▪ Effet de l'illusion sur le spectateur

Dans l'extrait suivant, tiré d'un article de Marie-Madeleine Mervant-Roux, on comprend comment Strehler par sa mise en scène s'amuse, comme Corneille avec sa pièce, à tromper son spectateur et à le prendre dans les filets de l'illusion, notamment au moment de la tragédie du cinquième acte :

> De bien des façons donc, et à bien des moments, le spectateur de G. Strehler peut être pris au jeu et devenir la victime, plus ou moins consentante, de l'illusion théâtrale, comme le naïf Pridamant. Mais là où la vieille « illusion comique » va le piéger de la façon la plus remarquable, c'est, comme le voulait Corneille, dans le trébuchet de l'Acte V. Il existe, bien sûr, deux cas de figure possibles : on est averti, ou on ne l'est pas. De leur propre aveu, les spectateurs innocents ont été trompés par les apparences de continuité d'un acte à l'autre, parfois totalement, parfois avec le sentiment confus que quelque chose n'allait pas [...], parfois aussi avec l'impression pénible de ne rien comprendre à cette histoire vraiment trop compliquée... Pour eux, l'illusion aura fonctionné jusqu'au bout. Mais curieusement, chez d'autres qui « savaient » ou avaient su un jour, l'artifice n'a pas été sans force puisque certains ne pouvaient pas s'empêcher de suivre le drame nocturne comme étant, *tout de même*, celui de Clindor, d'Isabelle, de Lyse, le théâtre contemporain montrant parfois à travers des images oniriques les aspects obscurs des personnages.
>
> Prévenus ou non, tous les spectateurs rencontraient l'énigme Rosine : s'ils ignoraient qu'elle appartenait à une pièce de théâtre dans le théâtre, ils ne pouvaient que s'interroger sur l'étrange ressemblance de cette princesse avec la suivante d'Isabelle, laquelle s'était elle-

même montré violente et passionnément éprise de Clindor à l'Acte II… S'ils savaient que toute l'action se déroulait à ce moment de la pièce sur une scène et que Lyse était devenue comédienne, ils étaient conduits à admirer son extraordinaire capacité à jouer aussi brillamment les servantes et les reines. Le choix de donner ce rôle à Lyse (ou à l'actrice qui joue Lyse ?) entraîne à coup sûr le spectateur dans un nouveau jeu d'illusion et un nouveau trouble.
(p. 334)

Marie-Madeleine Mervant-Roux, « La Perception de *L'Illusion* » in *Les Voies de la création théâtrale* (tome 16 : *Strehler*), éd. du CNRS, 1989.

5

ANNEXES

1 - JUGEMENTS CRITIQUES

▪ Mépris classique et enthousiasme romantique

[…] Ensuite, il retomba dans la Comédie ; et, si j'ose dire ce que je pense, la chute fut grande. *L'Illusion comique* dont je parle ici est une Pièce irrégulière et bizarre, et qui n'excuse pas, par ses agréments, sa bizarrerie et son irrégularité. Il y domine un personnage de Capitan, qui abat d'un souffle le grand Sophi de Perse et le grand Mogol, et qui une fois en sa vie avoit empêché le Soleil de se lever à son heure prescrite, parce qu'on ne trouvoit point l'Aurore qui étoit couchée avec ce merveilleux Brave. Les caractères outrés ont été autrefois fort à la mode : mais qui représentoient-ils ? et à qui en vouloit-on ? Est-ce qu'il faut outrer nos folies jusqu'à ce point-là pour les rendre plaisantes ? En vérité ce seroit nous faire trop d'honneur.

Fontenelle, *Vie de M. Corneille* (1685)
in *Œuvres complètes* (tome III), éd. Fayard.

Ce qui surprend dans *L'Illusion comique*, c'est l'aisance parfaite, la libre allure et le grand air du style. Du premier pas, Corneille atteignait la perfection. Quel vers charmant, le manteau sur l'épaule, et la plume au feutre, l'épée au côté, prêt à dégainer la rapière ou à débiter des madrigaux, un vers gentilhomme qui n'a rien de pédant, hautain comme le Cid, picaresque comme Guzman d'Alfarache, tantôt d'une simplicité pédestre, tantôt hissé sur l'emphase espagnole, plein, savoureux, coloré et tel qu'il pourrait suffire à tout le théâtre moderne !

Théophile Gautier in *Le Moniteur universel* (10 juin 1861).

■ Singularité du Matamore de Corneille

[…] Attitude fantasque, expérience qui pourrait être poétique, et qui n'est que grotesque, ou, à la rigueur, poétique et grotesque tout ensemble. Nous voici au centre des perspectives de la fantaisie verbale : tout comme nos anciens fols se donnaient l'impression de faire des repas plantureux en énumérant des mets succulents, notre Capitaine semble avoir choisi de vivre dans un monde illusoire, n'ayant de réalité que celle de ses paroles, mais susceptible de satisfaire, aux moindres risques, tous ses appétits de grandeur et de gloire ; et, comme il n'a pas été chargé par l'auteur de présenter un de ces cas pathologiques dont la littérature d'aujourd'hui s'encombre si volontiers, mais qu'il a été amené tout exprès pour égayer le spectacle, il s'en donne à cœur joie. […]

Il y a une difficulté majeure au libre exercice de cette virtuosité verbale : c'est que notre homme, merveilleusement vantard, est aussi d'une merveilleuse couardise. Mais c'est dans les grandes circonstances que l'on voit les maîtres ; et de fait, quelque frayeur qu'éprouve le bravache, cette frayeur ne dure guère : très vite, Matamore parvient, sinon à surmonter son trouble – il en est bien incapable –, du moins à lui faire changer de nom, et à le présenter comme une des multiples conséquences de sa bravoure. De la sorte, il maintient intacte la cohérence de son discours, il dépasse les démentis que voudrait lui infliger la réalité, il sauvegarde l'autonomie burlesque du langage par rapport à l'action.

C'est à une jonglerie de mots que Matamore nous a conviés, et c'est une symphonie verbale que le capitaine exécute pour notre amusement, qu'il soit ou non menacé de valets armés de gourdins, inquiété ou non par des rivaux prompts à dégainer. Constamment, il s'enivre de grands mots, où il met toute sa richesse de fantoche, et c'est la rhétorique de Matamore qu'il nous faut examiner en détail si, après avoir découvert le secret de la création de Corneille, nous voulons en mesurer la grandeur.

Robert Garapon, *La Fantaisie verbale et le comique dans le théâtre français du Moyen Âge à la fin du XVIIe siècle*, éd. Armand Colin, 1957.

▪ Le monstre baroque

Qu'est-ce que ce monstre ? Une pièce à triple fond, présentée par un magicien qui évoque, devant un père sans nouvelles de son fils disparu, quelques-unes des aventures de ce fils [...].

Le magicien, les apparitions, le théâtre sur le théâtre, le trompe-l'œil, le matamore, qui est l'hyperbole incarnée, les cadavres qui n'en sont pas, le décor multiple, tous ces éléments nous sont bien connus, ce sont ceux de la tragi-comédie dont relèvent aussi maints caractères formels parfaitement apparents ici :

la construction par plans glissant les uns sur les autres, avec les continuels changements de perspective qui en résultent : les spectateurs voient tantôt le plan : magicien-père ; tantôt le plan de « l'illusion » : les aventures du fils évoquées par le magicien ; enfin un troisième plan, l'illusion au second degré de la tragédie jouée mais réputée vécue jusqu'à ce que se rompe l'illusion : « ce n'était que feinte » ;

le déplacement constant des protagonistes les uns par rapport aux autres : le magicien tient d'abord la vedette, puis se met en retrait et ne fait plus que des apparitions intermittentes ; au deuxième acte, le Capitan devient le personnage principal, au troisième c'est au tour de Clindor et au quatrième de la suivante

[...] ; au cinquième, pièce dans la pièce, nouveau brassage des personnages. Plateau tournant présentant tour à tour à l'avant-scène une nouvelle figure, la pièce se trouve avoir plusieurs centres. [...]

Enfin, *L'Illusion* est un bel exemple de « duplicité d'action » et de mélange de tons et d'éclairages, tour à tour comédie, fantasmagorie, bouffonnerie et tragédie.

Ce sont là autant de traits de structure baroque ; ils apparaissent dans cette tragi-comédie avec une netteté et un relief exceptionnels ; ils ne sont pas absents d'autres pièces, bien au-delà du *Cid*, mais ils vont s'effaçant avec le temps.

Jean Rousset, *La Littérature de l'âge baroque en France*, éd. José Corti, 1954.

■ Un défi dramaturgique*

Au terme de cette analyse, une conclusion semble s'imposer : l'unité profonde de *L'Illusion comique* – chacune des facettes de ce château de miroirs renvoyant à ce point focal unique et central, l'esprit souverain d'Alcandre qui a organisé ce piège pour y prendre Pridamant et le conduire au bonheur en compagnie de son fils. Unité de lieu, de temps et d'action, dans la mesure où l'on considère les « fragments dramatiques » comme les éléments d'une unique plaidoirie d'Alcandre se déployant librement avec toutes les ressources de l'art, mais à partir d'un lieu unique : la grotte ; d'un temps unique : le temps nécessaire pour persuader Pridamant ; et selon une action unique : celle qui vise à faire coïncider dans l'avenir l'itinéraire du père et celui du fils. Dans *L'Illusion comique*, la violence faite aux règles est elle-même une illusion d'optique : plus encore que dans *Clitandre*, Corneille déploie ici une virtuosité qui fait des règles celles d'un jeu supérieur, où la liberté du créateur s'exalte d'une discipline acceptée non sans défi.

Marc Fumaroli, « Rhétorique et dramaturgie dans *L'Illusion comique* » in *XVIIe siècle* (numéros 80-81), 1968.

■ Actualité de *L'Illusion comique*

> La magie du devin Alcandre est celle du théâtre qui parle du théâtre et l'on sonde de ses failles des profondeurs vertigineuses [...]. *L'Illusion comique* est une apologie du théâtre, de ses créateurs et de ses interprètes, à un moment où l'opinion hésitait – hésiterait-elle encore ? – à reconnaître la dignité des premiers et surtout des seconds. Peut-être n'est-il pas inutile de le rappeler encore une fois.
>
> Jean-Marie Villégier, présentation de sa mise en scène dans le programme du théâtre de l'Athénée (saison 1996-1997).

2 - LEXIQUE

Les astérisques* placés dans cet ouvrage renvoient aux mots du lexique ci-dessous.

Catharsis : Aristote définit succinctement cette notion dans la *Poétique*. La catharsis désigne le processus par lequel le spectateur, en assistant à la représentation d'émotions violentes (pitié et frayeur), s'en purge. Longtemps interprétée d'un point de vue moral, notamment par les détracteurs du théâtre comme Saint Augustin, cette notion est en fait à comprendre dans un sens esthétique : cette purgation est liée à l'identification et au plaisir de la représentation.

Commedia dell'arte : forme de comédie italienne apparue au XVIe siècle, elle se caractérise par ses personnages types (Pantalon, Capitan, Arlequin...) reconnaissables à leur masque et à leurs comportements stéréotypés. Les pièces de *commedia dell'arte* ne sont pas des pièces entièrement écrites, mais des canevas à partir desquels les comédiens improvisaient, selon des codes et des systèmes de jeu bien établis. Ce théâtre laisse une grande place au geste et à la pantomime.

Dramatique : qui concerne le déroulement de l'action ; relatif au théâtre.

Dramaturgie : composition et construction, proprement théâtrales, d'une pièce. L'étude dramaturgique permet de mettre en évidence la structure de l'action et les grands principes de composition du texte dramatique* (effets de reprise, parallélismes...).

Exposition : première partie d'une pièce, qui doit comporter tous les éléments nécessaires au spectateur pour comprendre l'action. Dans la dramaturgie* classique, le premier acte doit présenter tous les éléments qui interviendront, par la suite, dans la pièce.

Hypotypose : procédé d'écriture qui consiste à rendre présent et vivant sur la scène un événement ou un personnage. Dans le théâtre classique, le récit l'utilise beaucoup : ce qui n'est pas représentable sur la scène est représenté dans le discours. Le récit de la mort d'Hippolyte, dans *Phèdre* de Racine, en offre un magnifique exemple.

Métaphore : forme de comparaison qui n'explicite par aucun mot introductif le rapport entre le comparé et le comparant.

Mimèsis : terme grec qui veut dire « imitation ». La mimèsis est un concept artistique fondamental qui désigne le rapport d'imitation de l'art avec la nature.

Parodique : relatif à la parodie. La parodie est la reprise détournée d'un comportement, d'une action, d'une œuvre. En littérature, on parle de réécriture parodique lorsqu'un texte est imité de façon comique.

Pastorale : œuvre narrative ou dramatique* dont les personnages principaux sont des bergers et des bergères de convention évoluant dans une campagne idéalisée, souvent propice au songe et à l'apparition du merveilleux. On y parle d'amour en des termes très relevés et précieux. La pastorale dramatique fut un genre très en vogue jusqu'en 1640 et continua à influencer les univers de la comédie et de la tragi-comédie*.

Pièce à machines : genre très en vogue à partir de 1650. Les pièces à machines inscrivent dans leur dramaturgie* la machinerie théâtrale : décor multiple, vols suspendus dans les airs, trappes mécaniques, tonnerre, feu... Elles représentent des histoires mythologiques ou des galanteries divines, en mêlant des éléments dramatiques* hétérogènes. *Andromède* (1650), grand succès de Corneille, est une pièce à machines.

Scénographie : désigne l'art et la science de l'organisation de la scène et de l'espace théâtral. Par métonymie, le mot désigne le décor lui-même. On préfère aujourd'hui parler de scénographie que de décor, car on reconnaît au scénographe une part active dans le processus d'écriture scénique auquel se livre le metteur en scène.

Tragi-comédie : genre dramatique* très en vogue dans la première moitié du XVIIe siècle. La tragi-comédie se définit de façon élémentaire comme une tragédie qui se finit bien, mais elle se caractérise surtout par ces constantes dramaturgiques : mélange des genres, liberté formelle, complexité de l'intrigue, goût du rebondissement à répétition.

3 - ORIENTATIONS BIBLIOGRAPHIQUES

■ Sur la littérature du XVIIe siècle

Antoine ADAM, *Histoire de la littérature française au XVIIe siècle*, 1948, rééd. Albin Michel, coll. « Bibliothèque de l'évolution de l'humanité », 1997.

Une base indispensable.

Paul BENICHOU, *Morales du Grand Siècle*, 1948, rééd. Gallimard, coll. « Folio Essais », 1988.

Une étude des enjeux idéologiques et politiques de la notion d'héroïsme autour de trois auteurs du siècle : Corneille, Pascal et Racine.

■ Sur le baroque

Claude-Gilbert DUBOIS, *Le Baroque en Europe et en France*, PUF, 1995.

Un bon ouvrage qui rend compte de la complexité du phénomène baroque, de ses enjeux idéologiques et formels.

Jean ROUSSET, *La Littérature de l'âge baroque en France*, José Corti, 1954.

L'une des premières études sur le baroque, d'une lecture facile et très stimulante. Quelques pages sur Corneille.

■ Sur le théâtre au XVIIe siècle

Gabriel CONESA, *La Comédie à l'âge classique*, Le Seuil, 1995.

Un très bon ouvrage de vulgarisation qui permet de saisir les constantes et les évolutions du genre.

Jacques SCHERER, *La Dramaturgie classique en France*, Nizet, 1950.

Une étude extrêmement précise des techniques dramaturgiques du théâtre classique.

■ Sur Corneille

Gabriel CONESA, *Pierre Corneille et la naissance du genre comique*, SEDES, 1989.

Une étude sur les premières comédies de Corneille qui s'intéresse avant tout à la langue et aux innovations cornéliennes.

Georges FORESTIER, *Essai de génétique théâtrale. Corneille à l'œuvre*, Klincksieck, 1996.

Plutôt un ouvrage de spécialiste, qui analyse très brillamment l'élaboration dramaturgique des pièces de Corneille.

■ Sur *L'Illusion comique*

Marc FUMAROLI, « Rhétorique et dramaturgie dans *L'Illusion comique* de Corneille » in *XVIIe siècle* (numéros 80-81), 1968.

Un article très brillant qui analyse la structure de la pièce comme stratégie argumentative.

Robert GARAPON, « Préface » à son édition critique de *L'Illusion comique*, Société des textes français modernes, Nizet, 1985.

Un résumé des principales problématiques de lecture, dans une perspective plutôt historique (modèles génériques).

■ Éditions de *L'Illusion comique*

L'Illusion comique est disponible dans plusieurs éditions de poche.

CORNEILLE, *L'Illusion comique* in *Œuvres complètes* (3 vol.), textes établis, présentés et annotés par Georges Couton, Gallimard, coll. « Bibliothèque de la Pléiade », 1980.

Une édition de référence.

Aubin Imprimeur
LIGUGÉ, POITIERS

Achevé d'imprimer en septembre 2003
N° d'édition 7010104/01 / N° d'impression P 65845
Dépôt légal octobre 2003 / Imprimé en France